EL FENG SHUI EN LA DECORACIÓN

UN NUEVO CONCEPTO EN EL DISEÑO DE INTERIORES

GINA LAZENBY

PRÓLOGO DE **WILLIAM SPEAR**

LEOPOLD
BLUME

A Barbara y Geoffrey, mis queridos padres,
por enseñarme a apreciar mi hogar, y que
tanto han trabajado a lo largo de los años
para mantener mi casa en orden.

Título original:
The Feng Shui House Book

Traducción:
Remedios Diéguez Diéguez

Revisión técnica de la edición
en lengua española:
Nicoletta Petrovanu de Viloria
Estudio de Arquitectura (Madrid)
(Especialista en Arquitectura e Interiorismo con
aplicación de feng shui, Construcción Bioclimática
y Filosofía Oriental)

Coordinación de la edición
en lengua española:
Cristina Rodríguez Fischer

Primera edición en lengua española 1998
Reimpresión 1999, 2000, 2001

© 1998 Naturart, S.A. Editado por BLUME
Av. Mare de Déu de Lorda, 20
08034 Barcelona
Tel. 93 205 40 00 - Fax 93 205 14 41
E-mail: info@blume.net
© 1998 Conran Octopus Limited, Londres

I.S.B.N.: 84-8076-279-9

Impreso en China

CONTENIDO

PRÓLOGO

WILLIAM SPEAR

En este mundo moderno y acelerado se está perdiendo la mayoría de conceptos importantes para el ser humano. La belleza, la verdad, la fe y la naturaleza se ven enfrentadas cada día al asalto constante de las noticias, los enfrentamientos étnicos, la creciente contaminación y el menoscabo de la salud. Muchas personas sienten que sólo sus casas resultan seguras, que éstas son su único refugio. Sin embargo, conseguir que las cosas importantes sigan presentes en nuestros hogares requiere algo más que un buen decorador.

Se ha escrito mucho, y se discutirá todavía más, sobre los enormes cambios que estamos experimentando en el diseño de nuestras viviendas. Sin embargo, ¿qué principios universales se aplican? ¿Cuáles son los modos intemporales de vernos a nosotros mismos en relación con nuestros hogares? ¿Qué ideas y prácticas pueden aportar algo más que una simple capa fresca de pintura?

La creatividad es una expresión magnífica de nuestra naturaleza única. Por ello, a menudo se compara a un escritor o un pintor con otro artista de su misma disciplina. Por supuesto, el artista busca de forma incesante esa conexión especial que distingue el trabajo como algo distinto y original. Este libro no ha surgido de la recopilación de viejas ideas, sino de la necesidad de llenar un vacío a través de la creatividad. Cuando un escritor o un artista ordena sus ideas surge una joya oculta. En lo que al diseño de interiores se refiere, existen pocas expresiones creativas originales que posean el impacto y atractivo de lo que está a punto de leer: Gina Lazenby, en ese sentido, es única.

El feng shui en la decoración trata de la persona en relación con el espacio que la envuelve. En este hermoso libro queda perfectamente clara una idea esencial: los espacios en que vivimos son tanto exteriores como interiores. Es decir, no vivimos únicamente en un dormitorio y una cocina, sino también en nuestra mente y en el infinito espacio de nuestras conciencias.

Este libro refrescará sus conocimientos y le devolverá al auténtico diseño de interiores. Se basa en la idea de que los cambios duraderos comienzan en el interior, en el fondo mismo de nuestras almas. Presentado con gran habilidad por su autora se trata de un importante trabajo de transformación personal que no tiene parangón con ninguno de los otros estudios realizados en este campo. Como alumna, colega y amiga mía, Gina Lazenby ha dado rienda suelta a una extraordinaria creatividad, que resulta inseparable de su compromiso con el desarrollo personal. No en vano, tal dedicación la ha hecho merecedora de un gran respeto, no sólo por su trabajo como educadora, sino también, en la actualidad, como escritora. Este libro es un regalo para que todos saboreemos su elegante sencillez.

Está a punto de emprender un fecundo viaje hacia el profundo espacio interior de sus conocimientos, creencias y conciencia personal. El resultado, sin duda alguna, hará que la belleza regrese a su existencia y la armonía a sus relaciones, además de renovar su fe en el sutil misterio de la vida. Ésta es la esencia misma e inalienable del diseño de interiores.

SUPERIOR Rodéese de objetos bellos y queridos. Elija los que posean un significado especial y apórteles vida con flores y plantas frescas. Así, cada vez que contemple esos conjuntos recibirá vibraciones positivas de su entorno, con lo que aumentará su energía, tanto de forma consciente como inconsciente. El desorden y las tareas sin terminar la reducirán.

DERECHA Todos los lugares en los que se sienta o descansa ejercen un efecto sobre su energía; cuanto más tiempo permanezca en ese lugar, mayor será el impacto. La creación de un entorno tranquilo y enriquecedor durante las comidas facilitará la digestión de los alimentos. De este modo, los ambientes sencillos distraen menos nuestra atención y nos permiten centrarnos en el disfrute de la comida y la compañía. Este comedor no está tan cargado de obras de arte y adornos como para desviar la atención de los comensales: la mesa circular, el centro de formas redondeadas y la lámpara crean un acertado punto focal en torno al cual reunirse. Además, las flores frescas animan la estancia, así como la vista del jardín. La incorporación de cortinas a la puerta ventana durante el invierno conseguirá que la estancia resulte más acogedora.

INTRODUCCIÓN

¿Qué es el feng shui?

El feng shui trata del modo en que afecta a nuestro bienestar físico, emocional y espiritual el entorno en que vivimos y trabajamos. Los distintos lugares nos hacen sentir de formas diferentes: la cantidad de luz natural que penetra a través de las ventanas, el color de las paredes, el tipo de sillas, el estilo de los cuadros y adornos, la presencia o ausencia de plantas naturales..., todo ello afecta a nuestra experiencia.

El feng shui es el estudio del movimiento de la energía y del modo en que fluye en diseños, que afectan todos los aspectos de nuestra vida. La física cuántica confirma que todo se compone de energía; cualquier elemento físico, con independencia del grado de solidez que presente, constituye en realidad un cúmulo de vibraciones de energía. A nuestro alrededor, en el espacio vacío que no alcanzamos a ver, también existe energía. Precisamente, el feng shui se ocupa de ese mundo invisible, que resulta tan importante para nuestro bienestar como el mundo que podemos percibir con los sentidos. Al entrar, por ejemplo, en una habitación en la que acaba de tener lugar una fuerte discusión, puede sentirse la tensión; de hecho, se utiliza la expresión «se podría cortar el ambiente con un cuchillo» para reflejar la sensación tangible de que algo flota en el espacio. En la actualidad, existen sofisticados equipos científicos que miden el más ligero movimiento de energía: así, el detector de mentiras es capaz de registrar la más imperceptible fluctuación de las vibraciones producidas por un movimiento de energía en el cuerpo.

El feng shui nos ayuda a entender que nuestras casas constituyen extensiones directas de nosotros mismos; son espejos que reflejan quiénes somos. Los lugares en los que vivimos albergan evidencias y símbolos de nuestras experiencias pasadas, nuestros pensamientos y nuestros sueños, y si deseamos cambiar y mejorar la calidad y el rumbo de nuestras vidas debemos ser conscientes de la conexión entre todo aquello que nos rodea. Para crear un nuevo futuro y lograr que ocurra lo que más deseamos, debemos considerar el modo de representar esos deseos en nuestro hogar. En este libro aprenderá que los cambios en la decoración de su casa repercutirán en los acontecimientos que tengan lugar en su vida. Las diferentes distribuciones afectarán al movimiento de energía en su casa y lugar de trabajo. A su vez, estos arreglos se reflejarán en cambios en su economía, salud, relaciones y bienestar.

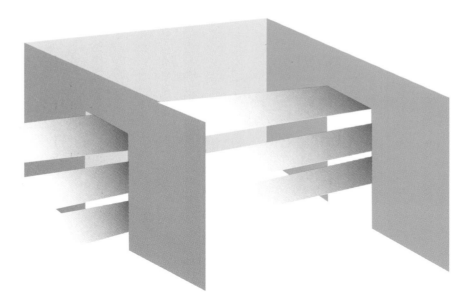

IZQUIERDA Cuando dos puertas se encuentran alineadas frente a frente, la energía chi atraviesa la habitación sin detenerse para alimentarla. La estancia resultará un tanto incómoda, y la zona entre las puertas parecerá un pasillo. Si las puertas de acceso y trasera se hallan alineadas, las implicaciones son más serias: la buena suerte y el dinero entrarán por la puerta principal y saldrán directamente por la trasera. Para reducir el movimiento del chi, coloque uno o dos móviles de campanillas a lo largo del techo del pasillo o bien algunos objetos, como plantas, en el suelo.

DERECHA Las habitaciones con una única entrada permiten el acceso y la salida del chi por la misma puerta o ventana, ya que no existen otras salidas por las que pueda fluir. Esta distribución resulta adecuada para crear una energía serena y relajante en la estancia, pero si la habitación no se utiliza mucho, está bloqueada por un exceso de muebles o éstos se encuentran colocados de modo que impiden el flujo, podría producirse un estancamiento.

IZQUIERDA Las puertas son como bocas que permiten el paso del chi a un espacio, mientras que las ventanas actúan como salidas del mismo. Cuanto más grande sea el cristal, más energía saldrá y más será atraída nuestra atención hacia el mundo exterior. Debe encontrar el equilibrio entre unas vistas atractivas y demasiada apertura. De ese modo, colocar objetos en el alféizar de la ventana, como adornos o plantas, contribuirá a retener energía y dirigirá su atención hacia ellos antes de que la mirada se desvíe hacia el exterior.

El objetivo del buen feng shui consiste en disponer un espacio de modo que el chi o energía fluya con armonía y le aporte equilibrio. La energía se mueve en espirales y ondas, por lo que nos sentimos más cómodos cuando imitamos a la naturaleza y trasladamos esas mismas curvas a nuestras casas. La energía de movimientos uniformes y suaves nos ayuda a relajarnos. En cambio, las líneas rectas, las esquinas angulosas y los bordes afilados no reflejan el movimiento natural del chi, por lo que nos sentiremos más tensos si nos rodeamos de estos elementos.

La relación que mantenemos con un lugar es muy personal, ya que le conferimos nuestro propio carácter. Cada persona se expresa de modo distinto, con preferencias diversas en cuanto a colores, estilos, telas y formas, así como en lo que respecta a la naturaleza y la cantidad de los objetos y muebles. Todos estos elementos crean ambientes distintos y presentan un comportamiento diferente en la vida de cada persona. Por tanto, aunque existen algunos principios básicos que debemos seguir en su aplicación, recuerde que un buen feng shui consiste también en crear un hogar que refleje su personalidad y sus deseos. Por ello, es preciso tener en cuenta el empleo que se quiere dar al espacio, si lo que se desea es crear una familia, iniciar un nuevo trabajo desde casa o empezar una vida de matrimonio.

¿De dónde procede el feng shui?

Gran parte de la interpretación del feng shui proviene, como su nombre, de Oriente, donde se practica desde hace miles de años. Los antiguos chinos ya interpretaban el mundo invisible de energía que reside en todas las cosas. Sus conocimientos y observaciones se recogieron en el *I Ching*, un profundo oráculo que describía la naturaleza de todas las cosas a través de 64 hexagramas de líneas interrumpidas y rectas. Este enorme cuerpo de sabiduría se convirtió en la base de todos los estudios tradicionales, incluyendo el feng shui.

No obstante, la aplicación del feng shui en la actualidad no responde necesariamente a una procedencia oriental. De hecho, pueblos de todo el mundo han estudiado la influencia de las fuerzas celestiales, sobre el hombre, han observado los ciclos de las estaciones y los movimientos de los planetas, y —guiados por sus observaciones del mundo natural— han llegado a comprender el modo en que diferentes lugares y hogares pueden afectar al bienestar y la fortuna.

A lo largo de los siglos se han desarrollado diferentes formas de feng shui a medida que los estudiosos registraban información sobre su comprensión de la naturaleza del mundo, clasificando los datos en mapas y tablas. Se han recogido y evaluado informaciones sobre la forma y el contorno de la Tierra (Escuela de la Forma), así como gráficos acerca de las influencias de los astros (Escuela del Compás).

El feng shui clásico, que reúne aspectos de ambas escuelas, se ha impuesto en la actualidad gracias a la existencia de un inmenso material que contiene la información más antigua recogida por los chinos. Mientras que en su origen el feng shui implicaba una existencia intuitiva a través del corazón y el cuerpo, el enfoque clásico es mucho más científico y guarda una mayor relación con la mente, pues se vale de complejos cálculos para evaluar la calidad de la energía en un entorno. A lo largo de los siglos, el feng shui ha conservado su atractivo. Ahora, gracias a este libro podrá aprender a dejarse guiar por su intuición para decidir qué es lo mejor para su hogar. Con su sistema activo, además, observará cómo se mueve la energía según el bagua, un mapa de energía de miles de años de antigüedad que, con unos símbolos, le ayudará a entender las relaciones entre los elementos de su existencia según cinco tipos de energía.

SUPERIOR Pasar mucho tiempo sentado ante un escritorio o en una silla colocada bajo una viga puede resultar perjudicial, ya que el flujo regular de energía sobre la cabeza queda interrumpido y las ondas se desvían hacia abajo, oscilando y afectando así su campo de energía. Dependiendo de su constitución, su salud y sus niveles de energía, este fenómeno puede ejercer un efecto debilitador a largo plazo, de ahí que las personas más sensibles puedan tener dolores de cabeza, mientras que otras serán incapaces de concentrarse; en algunos casos, el funcionamiento de los sistemas inmunitarios se puede ver incluso ligeramente reducido.

¿Por qué nos interesa el feng shui?

La sociedad de Occidente se ha convertido en un mundo fugaz, instantáneo, en el que todo se mueve por control remoto; de comidas rápidas, preocupado tan sólo por el progreso tecnológico. Cada vez estamos más desconectados de la naturaleza, nos rodeamos de objetos artificiales y nos exponemos a incrementar los niveles de toxicidad y contaminación en lo que comemos y utilizamos en nuestras casas. Estamos creando edificios «enfermos», que no pueden respirar, rodeados por radiaciones electromagnéticas, y el resultado es que nuestra energía vital se está apagando.

A cambio de las ventajas de una existencia moderna y tecnológica, hemos creado un modo de vida que no sintoniza en absoluto con la naturaleza y que ignora las nefastas consecuencias que dicha modernidad tendrá en el medio ambiente. La mayor parte de los problemas a los que nos enfrentamos hoy en día no existía miles de años atrás. La electricidad nos aporta energía, pero destruye nuestro bienestar cuando sin darnos cuenta vivimos en su campo de fuerza. La alteración geopática también es más evidente hoy en día, porque proviene de una distorsión de la radiación natural de la tierra provocada por la apertura de canales subterráneos para acometer agua, túneles para comunicaciones y transportes, así como las innumerables excavaciones para construir carreteras y edificios. Debemos desarrollar una mayor conciencia sobre nuestros actos pasados y tomar las medidas oportunas para compensarlos. En el universo existe un orden natural que nuestros antepasados conocían, y que constituía para ellos un código vital. Por ello, no es extraño que en nuestro interior surja un deseo instintivo de volver a un modo de vida más natural, de simplificar nuestra existencia sin renunciar a las comodidades que nos depara el siglo XXI. Los estilos de vida tradicionales tienen mucho que enseñarnos.

Las investigaciones demuestran que nuestras casas ya no son los «centros de ocio» que fueron durante el auge consumista de la década de 1980. Los valores han cambiado: refugio, santuario, seguridad, paz; éstas son las palabras clave que hoy nos motivan, ya que intentamos convertir nuestras casas en refugios de paz en los que poder huir del mundo exterior y perder todo contacto gracias al contestador automático. En la actualidad, las personas se están dando cuenta de que para cambiar sus vidas deben cambiar antes sus hogares, y es precisamente esta comprensión del nexo entre nosotros y nuestra casa que lo constituye el núcleo del feng shui.

Debemos despejar los lugares que habitamos con el fin de crear el espacio físico necesario para que la energía fluya y aparezcan nuevas posibilidades. Si tomamos conciencia de lo que nos rodea y su impacto, podremos realizar elecciones más conscientes. De este modo, aprenderemos a disponer los espacios de modo que presten apoyo a nuestros objetivos, ya sea mantener una familia en un entorno estable y protector, crear un refugio seguro desde el cual explorar el mundo o, simplemente, conseguir la paz interior. Este libro constituye el comienzo de un nuevo y apasionante viaje en el que observará su casa con una perspectiva distinta, como parte misma de su futuro.

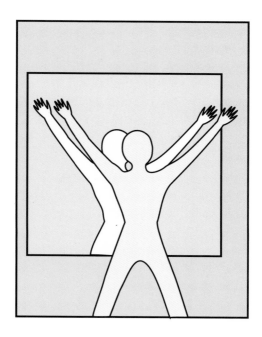

INFERIOR Los espejos ejercen una poderosa influencia. Nos afectan mientras dormimos, ya que expanden energía por la habitación y la hacen rebotar hacia nosotros. Mientras tanto, nuestros cuerpos tratan de descansar, buscando un sueño reparador y renovador. El cerebro organiza la información procesada durante el día y el cuerpo intenta recuperarse del daño que nos hacemos a nosotros mismos al comer alimentos procesados y vivir en un mundo rodeado de señales de teléfonos móviles, radiaciones y tensión electromagnética. Los espejos colocados frente a la cama dificultan este proceso de recuperación: la calidad del descanso se ve afectada. Retírelos o cúbralos por la noche.

SUPERIOR Refleje todo su cuerpo e intente conocerse realmente. Los espejos en los que nos vemos nada más levantarnos por la mañana y antes de acostarnos por la noche pueden resultar muy útiles, ya que refuerzan la percepción de nosotros mismos en esos momentos críticos en los que nos encontramos vulnerables, desnudos y preparándonos para ir a dormir o despertando a la realidad desde nuestros sueños.

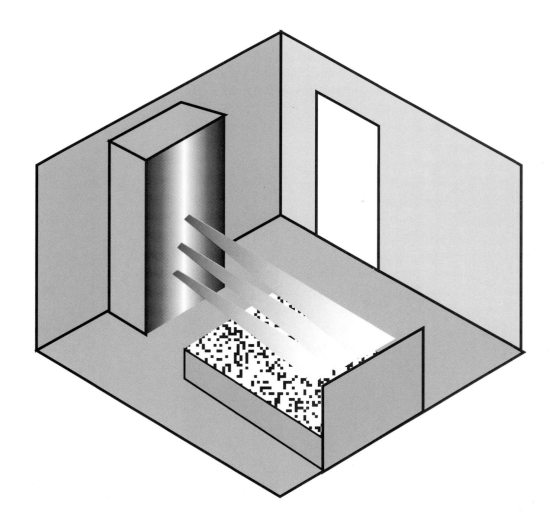

JUEGO DE

agua tierra trueno viento tai chi cielo lago montaña fuego

CONSTRUCCIÓN

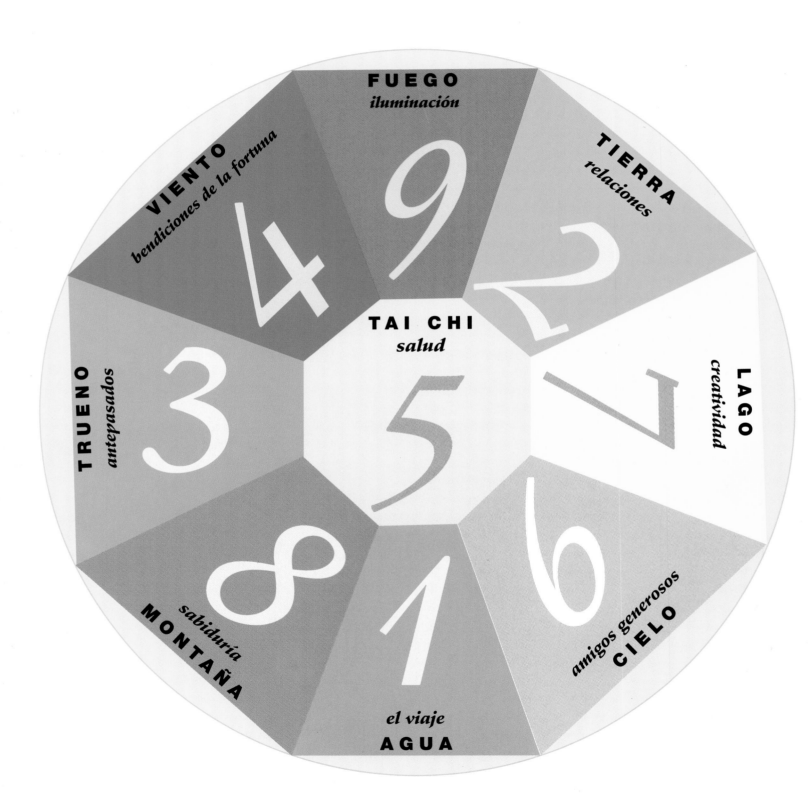

EL BAGUA

El bagua es un mapa que muestra cómo se mueve la energía dentro de un espacio definido. Se trata de una plantilla dividida en nueve zonas que puede colocarse en cualquier terreno, casa, apartamento e incluso en habitaciones individuales.

IZQUIERDA El bagua es un antiguo mapa que muestra cómo se mueve la energía en el mundo invisible de las vibraciones. La comprensión de su funcionamiento le proporcionará pistas sobre el modo de cambiar y enriquecer su vida. Se trata de un modo muy práctico de comprobar hasta qué punto el hogar es una expresión de su propia vivencia. Cuando haya ubicado el bagua en su casa, éste le revelará lo que está ocurriendo en ese momento.

Si vive en una casa de formas regulares y en la que no existen áreas ausentes y extensiones, revise las diferentes estancias para comprobar si advierte algo que le resulte incómodo en la distribución, la decoración o el orden. Si existe un problema relacionado con el espacio físico, el bagua le guiará para evaluar el aspecto de su vida que se relaciona directamente con él. Por ejemplo, si una habitación inutilizada, llena de objetos inservibles o amontonados cae en Viento (4), es muy probable que su economía se encuentre estancada.

Si vive en un bloque de pisos, el bagua comenzará en la puerta de entrada al suyo, donde empieza su territorio. Si alquila una habitación, le afectará el bagua de toda la casa; no obstante, el de la habitación o la zona que alquile ejercerá una mayor influencia sobre usted.

Cada una de las nueve zonas o «casas» del bagua posee un conjunto de características que aportan pistas sobre lo que está ocurriendo en su vida y cómo se reflejan estos hechos en la forma y el diseño del interior de la vivienda. Existe un cierto patrón predecible sobre el modo en que la energía se mueve alrededor de un espacio, patrón que se ha observado durante miles de años. Cuando, por ejemplo, la energía invisible entra en la zona del bagua conocida como Tierra (2), su impacto en el mundo físico implica un asunto de relaciones. De modo similar, cualquier interrupción del flujo de energía en la zona de Viento (4) afectará a la fortuna y la economía. Cada «casa» del bagua posee cualidades diferentes. Estas casas reciben su nombre del trigrama del *I Ching* con el cual están asociadas, y se acompañan con uno de los nueve primeros números cardinales.

El bagua siempre se orienta desde la puerta principal de la casa o desde la puerta de una estancia. Incluso si apenas utiliza la puerta principal y siempre accede a su casa por la puerta de atrás, debe utilizar la principal para colocar el bagua; tan sólo debe partir de otra puerta en el caso de que nunca la abra. Utilizando la cuadrícula de números mágicos que conforman el bagua (*véase* página anterior), alinee la plantilla en el plano del suelo de modo que la puerta entre a través de la cuadrícula en algún punto comprendido entre las zonas 8, 1 o 6.

Aunque el bagua es más potente en la planta baja de un edificio, cada piso tiene el suyo propio, que se alinea utilizando el escalón superior como «puerta principal», y después se desplaza su borde hacia la pared exterior de la vivienda. Recuerde, además, que puede aplicar el bagua a cualquier estancia de la casa y que las entradas sin puertas también pueden actuar como tales. En el caso de aquellas que posean más de una entrada, incluso tres o cuatro si se trata de un distribuidor, alinee la parte inferior del bagua con la entrada más utilizada: la puerta que conecta la cocina con el comedor es prioritaria a la que da al salón, por ejemplo.

Cuando evalúe su casa, coloque el bagua sobre el plano de planta de la vivienda para comprobar si falta alguna sección y, en caso de que sea así, piense si esta ausencia se corresponde con alguna dificultad que esté atravesando en ese aspecto de su vida. Cuando finalmente comience a pensar en realizar ajustes en el diseño del interior de su hogar con objeto de provocar cambios en su vida, utilice el bagua para cada habitación. En consecuencia, si decide que desea realzar su creatividad, por ejemplo compruebe la zona de Lago (7) de cada estancia y en cada piso de la casa.

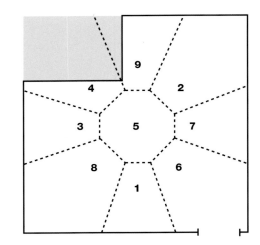

El bagua puede estirarse para cubrir formas alargadas o irregulares. Cuando lo coloque sobre el plano del suelo, comenzará a hacerse una idea de lo que falta, es decir, de lo que se denomina espacio negativo y lo que es un extensión. En términos generales si una extensión mide más de la mitad del lado del que sobresale, genera un espacio negativo. Si mide menos de la mitad, se considera proyección, lo que significa que la energía prevalente de esta casa del bagua es mayor. Los miradores en saliente cuentan como pequeñas proyecciones.

Las casas de formas irregulares con espacios negativos no deben considerarse como malas o difíciles; por el contrario, cuando vea los ajustes que puede realizar para cada una de las nueve casas, se dará cuenta de que éstas poseen un tremendo potencial.

Cuestionario de feng shui

El propósito de las preguntas que encontrará en las siguientes páginas es el de guiarle en la realización de conexiones entre aquellos aspectos de su vida poco satisfactorios y las partes de su casa que deberían cambiarse. Si no tiene problemas, sería un despropósito comenzar a cambiar las cosas de sitio tan sólo porque este libro se lo recomiende. Cada hogar actúa como un espejo de uno mismo; sencillamente, se trata de una extensión de cada uno de nosotros y de lo que sucede o no en nuestra vida. En las páginas 20-37 se examina de forma detallada cada una de las nueve casas, con preguntas relacionadas con cada parcela de su vida. Tómese el tiempo necesario para responder las preguntas y anote las respuestas en un papel; puntúelas de uno a diez con el primer número que se le ocurra (las respuestas inmediatas suelen ser las más precisas). Diez significará «maravilloso», mientras que uno implica una gran insatisfacción. Anote adjetivos y frases del estilo «me siento reprimido y bloqueado» o «he llegado a un callejón sin salida»; a continuación, mire a su alrededor y verá que estas metáforas se encuentran expresadas físicamente en su casa.

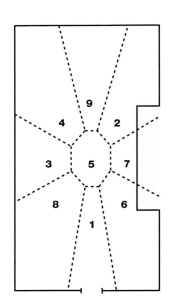

Estas preguntas constituirán la base de los cambios que haya de realizar en la vivienda. La puntuación le ayudará a decidir por dónde debe comenzar a realizar esos cambios: para empezar, elija los dos o tres elementos con menos puntos, ya que las puntuaciones más bajas suelen reflejar el hecho de que una zona de la casa falta en el bagua (se trata, por tanto, de un espacio negativo). Realice todos los ajustes necesarios en función del modo en que sea preciso alimentar la energía. Proceda con cautela y no realice cambios a menos que se sienta realmente cómodo con ellos. Una vez llevados a cabo los ajustes, compruebe si la estancia le resulta más agradable. Posteriormente, si no ocurre nada nuevo en su vida en el espacio aproximado de un mes, vuelva a consultar el libro para obtener más inspiración y experimente con un nuevo enfoque.

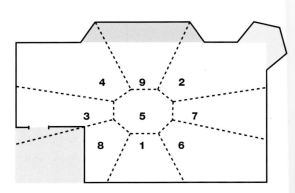

IZQUIERDA Ninguna de estas casas presenta problemas porque les falte alguna pieza. De hecho, resulta mucho más interesante vivir en lugares así, ya que se dispone de un mayor potencial para realizar cambios y considerar el diseño del interior. La primera ilustración muestra una vivienda con espacio negativo en la «casa» de Viento/Bendiciones de la Fortuna (4). Las personas que vivan aquí presentarán una deficiencia de energía en el aspecto de su vida denominado Fortuna, que puede traducirse en falta de oportunidades y dinero.

Las correcciones en este caso no implican construir una extensión, lo cual es una buena noticia para todos aquellos que viven en un bloque de pisos. En su lugar, el objetivo es estimular el movimiento de energía, acción que puede llevarse a cabo con plantas, iluminación o con un espejo en la pared interior, de forma que la estancia «vacía» entre en el edificio. La ilusión de un espacio adicional crea más energía. Asimismo, falta una pequeña cantidad de energía en la casa de Fuego/Iluminación (9), y las correcciones también estimularán esa energía.

El bagua es muy maleable y puede alargarse en el caso de edificios largos, como el de la segunda ilustración, donde se observa también un espacio negativo en Lago/Creatividad (7). En este caso, se logrará estimular la energía alrededor de esta parte de la casa mediante la colocación de suelo y elementos metálicos.

La tercera ilustración muestra extensiones en Tierra/Relaciones (2) y en Fuego/Iluminación (9), así como un espacio negativo en Montaña/Sabiduría (8). Si la zona de la Montaña cae en el jardín, es recomendable realizar los cambios en el exterior y no en el interior de la casa. Una iluminación exterior, una pila para pájaros así como abundantes plantas y arbustos atractivos estimularán la energía de sabiduría.

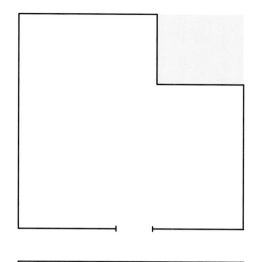

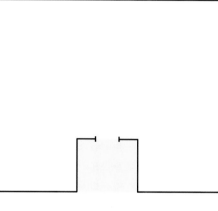

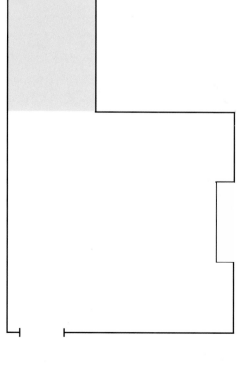

IZQUIERDA Esta primera ilustración muestra un espacio negativo en Tierra/Relaciones (2), lo que significa una deficiencia de energía en las relaciones personales. Esta casa es mucho más incómoda para las mujeres, ya que la energía que falta es la de la casa más femenina del bagua. Las relaciones también podrían ser difíciles aquí, a menos que se haga algo para corregirlo (*véase* pág. 24 para añadir objetos y colores que representan la tierra). Para compensar este espacio negativo realce la esquina de relaciones de cada estancia de la casa.

En la segunda casa falta la zona Agua/Viaje (1), mala señal para llevar a cabo carreras con éxito. Si esta zona es un patio exterior, una correcta iluminación así como la adición de plantas en esta zona de acceso hará que la energía «penetre» en la casa.

La tercera casa presenta una gran proyección en Viento/Bendiciones de la Fortuna (4), hecho que intensificará los beneficios de una energía de riqueza y oportunidades para los inquilinos.

La cuarta casa posee una extensión en la zona Fuego/Iluminación (9), por lo que quien viva en ella será muy conocido o incluso famoso, dependiendo de su actividad.

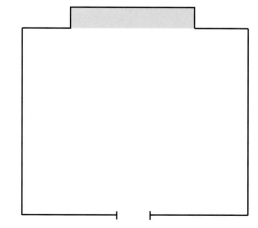

LAS NUEVE CASAS DEL BAGUA

La primera casa del bagua es Agua, que representa nuestro periplo a lo largo de la vida y nos recuerda nuestros orígenes, por lo que comúnmente se denomina la zona del Viaje. Trata no sólo de nuestra trayectoria y profesión actual, sino también del gran tema del porqué de nuestra existencia en este mundo. ¿Hacemos realmente lo que queremos o tan sólo estamos ganando un simple sueldo? El modo en que el chi se mueve por el mundo es como agua en movimiento; por tanto, cuando nuestra vida marcha bien, podemos considerar que «fluimos con la corriente».

La casa de Agua se asocia con la fuerza de la voluntad y el dinamismo. Dado que apunta en dirección norte, es fría y oscura, y representa la comunicación, las emociones y los descubrimientos.

Si esta zona no está físicamente presente en la casa, encontrará más dificultades para hallar su camino. Las personas que vivan en este tipo de casas tendrán problemas con el dinamismo y la ambición, y es posible que existan ciertos problemas de comunicación. Para corregir esto, introduzca un elemento de agua, como una pecera o simples imágenes con agua. Elija unas dinámicas, que presenten movimiento, ya que éste ayuda a reencontrar el camino adecuado; por el contrario, las imágenes con aguas quietas conducirán a la larga al estancamiento. Opte por imágenes que representen lo que quiere hacer, o si todavía no lo tiene claro, elija aquellas donde aparezcan carreteras, rutas o mapas históricos, ya que actuarán como símbolos para ayudarle a encontrar su camino. El color azul puede emplearse para nutrir y reforzar dicha energía. Una proyección en esta parte del bagua implicará energía adicional y ayuda para encontrar lo que realmente desea hacer en la vida.

Disponer de una escalera en este punto es poco positivo, ya que la energía se desplaza excesivamente arriba y abajo, y la energía del agua debe ser más fluida. Si el vestíbulo de entrada cae en esta casa, ¿existe más de una puerta? ¿Es un espejo que le muestra su posición en la vida? ¿Se siente incapaz de escoger un camino? Mantenga las puertas cerradas y ábralas sólo cuando necesite pasar. Si la entrada está fuera de su propiedad, pero cae en el Viaje —en un bloque de pisos, por ejemplo—, decore la zona exterior con sus propios objetos y plantas de modo que la sienta como un espacio propio.

1 AGUA
el viaje

Utilice los siguientes cuestionarios para evaluar su hogar. La abundancia de respuestas negativas apunta una deficiencia: si no carece de esta zona, podría tratarse del espacio más desnudo de cada una de las estancias.

¿En qué punto se encuentra?

•¿Disfruta con lo que hace?

•¿Qué le impide avanzar hacia cosas nuevas?

•¿Es satisfactorio su papel en la vida? Si no, ¿sabe lo que quiere?

Examine con detenimiento esta zona de la casa. ¿Está desordenada y, por tanto, bloqueada? ¿Es el punto donde se halla la puerta principal? ¿Proporciona un acceso y una salida sin complicaciones? ¿Funciona correctamente el timbre? ¿Está disponible cuando se le presentan las oportunidades?

La tierra es el elemento que simboliza la receptividad, la apertura y la ternura o complacencia. La energía aquí se manifiesta en el mundo físico de las asociaciones, o en términos más generales, la zona de Relaciones, por lo que a menudo se denomina «rincón del matrimonio». Si a una casa le falta esa zona, lo más probable es que la habite un soltero o que las parejas que vivan en ella tengan problemas.

Para mantener la armonía y el equilibrio en las relaciones es importante examinar cada rincón de relaciones de la casa para comprobar si existe un espacio negativo. El más importante es el del dormitorio, ya que es en él donde se produce la mayor intimidad en su relación consigo mismo y con la pareja. Si falta la zona de Relaciones, debe prestar especial atención a la realización de ajustes. Además, dado que esta casa del bagua transporta la energía más femenina, la falta de esta casa podría implicar que las mujeres que la habitan sean poco afortunadas y felices. Asegúrese de que ese rincón no acumule desorden o albergue una cesta rebosante

¿En qué punto se encuentra?

- *¿Es feliz en sus relaciones?*
- *¿Está soltero y disfruta de una activa vida social?*
- *¿Mantiene una buena relación con sus compañeros de trabajo?*
- *¿Se siente aislado?*
- *¿Su matrimonio está atravesando una crisis?*
- *¿Mantiene discusiones agrias con su anterior pareja?*

Si la puntuación es baja, compruebe si falta en su casa o dormitorio la zona de Relaciones, o si está desordenada o llena de plantas marchitas. Refresque la zona e introduzca los símbolos de la energía de tierra. Un ligero toque de color rojo aportará el elemento de fuego y contribuirá a avivar la pasión.

de ropa sucia. Examine las imágenes de cuadros y fotos: ¿son de figuras solitarias o de parejas felices? Incluso un cuadro con dos flores refuerza el mensaje de dualidad. De forma similar, saque el máximo partido de sus relaciones mostrando recuerdos de la vida en común. Necesita energizar la zona con una correcta iluminación, plantas, un colgante de cristal en la ventana, un paisaje pintado con profundidad o un espejo, cualquier cosa que le parezca apropiada.

La naturaleza del elemento Tierra es de apertura e invitación, y se ve reforzado por líneas en movimiento y objetos suaves. Por ello, haga entrar la naturaleza en su entorno por medio de flores, plantas, velas y agua. Los cojines y las almohadas en las camas también constituyen refuerzos ideales, y el color amarillo, que ostenta la naturaleza unificadora de la tierra, puede emplearse en la decoración. En cualquier caso, evite los muebles y la decoración carente de flexibilidad. Examine dónde puede crear rincones acogedores que inviten al acercamiento y la unión: un asiento bajo una ventana o un par de sillas bajas y cómodas frente a frente.

2 TIERRA
relaciones

3 TRUENO
antepasados

La tercera casa del bagua, Trueno, está asociada con la familia, los ancianos y todo aquello que nos ha precedido. En las culturas orientales y tradicionales, los mayores se respetan por su sabiduría: se busca su sabio consejo y en todo momento reciben muestras de un gran respeto. Todos llevamos el espíritu de nuestros antepasados en nuestra energía, del mismo modo que llevamos su ADN en la configuración genética, de ahí que sea imprescindible conocer nuestra herencia. ¿Cómo podemos saber hacia dónde nos dirigimos si no sabemos de dónde venimos? La gratitud hacia la familia y las personas mayores debe expresarse en algún punto de la casa; esta zona, a la cual nos referimos por lo general como Antepasados, constituye un lugar ideal para colocar fotografías de familia y recuerdos preciados.

El estancamiento en esta zona de la casa en forma de desorden o acumulación de objetos que ya no se utilicen o rotos puede traducirse en asuntos sin resolver en su vida y en dificultades para comenzar de nuevo. El hecho de no saber perdonar y olvidar alguna mala pasada o un acto irresponsable de un viejo amigo o un familiar puede terminar ejerciendo una nefasta influencia sobre nuestro futuro. Cuando nos empeñamos en no olvidar el daño, éste cobra forma en nuestra psique y termina por impedirnos crear el futuro que deseamos. Esta misma incapacidad de olvidar también suele reflejarse en nuestro entorno cuando nos aferramos a cosas viejas del pasado que ya no tienen ninguna utilidad. Por ello mismo, deshacerse de todo aquello que ya no vaya a necesitar ejercerá un auténtico efecto catártico y le ayudará a abrir un nuevo futuro. La carencia de una fuerte zona de Antepasados también afectará a su capacidad creativa y, de hecho, cualquier cosa que simbólicamente represente alguna dificultad de nuestro pasado afectará el nuevo futuro que intentamos crear.

La forma del trigrama para el Trueno en el *I Ching* presenta una línea sólida por debajo que proporciona una resonancia profunda; de hecho, está asociada con el sonido y el ruido. La energía del Trueno que se eleva por el este representa un nuevo comienzo, la primavera y el punto de partida de un nuevo ciclo. El trueno se asocia con la energía del árbol, que se representa con el color verde, formas altas y plantas. En la casa implica vitalidad y movimiento.

Una proyección en esta tercera casa significará un mayor sentido de madurez en la vida cotidiana. Si falta esta sección, las personas que habiten la casa carecerán de energía y resistencia, y tal vez tengan que trabajar más o descubran que tienen problemas familiares. Dado que esta energía está relacionada con el sonido, cuando los ocupantes sean letárgicos y testarudos pueden ser «sacudidos» y estimulados con el trueno de una música a todo volumen que inunde la casa. Las máquinas que hacen ruido, como las de aire acondicionado, secadores, neveras, televisores y equipos estéreo, así como la voz humana, producen energía de Trueno. Por el contrario, si tiene problemas con unos vecinos ruidosos, reduzca la energía de Trueno en su casa. Puede reorientar esta intrusión no deseada mediante la colocación de una sencilla planta alta que canalice esta poderosa energía. La reducción del color amarillo también ayuda.

Para corregir los desequilibrios, debe incluir el elemento del árbol, es decir, plantas, muebles y sillas altas, el color verde, obras de arte representando arbolados o símbolos de apoyo, como los pilares.

¿En qué punto se encuentra?

- ¿Cómo es la relación con su familia? ¿Tiene una buena comunicación o peleas familiares? ¿Se lleva bien con sus padres?
- Si éstos han muerto, ¿hay algún asunto pendiente sin resolver, o siente algún resentimiento?
- ¿Puede recurrir a su familia para que le guíe en la vida?
- ¿Encuentra dificultades para emprender nuevos proyectos?

Si obtiene una puntuación baja, examine esta zona de la casa. ¿Está ausente o forma parte de la casa una habitación llena de energía estancada? Compruebe la zona de Antepasados en cada una de las habitaciones.

¿Tiene fotografías de grupos, en especial en las que todos están sonriendo, o todos sus retratos de familia son individuales? Dado que esta zona se asocia con la energía del árbol, las plantas verdes y altas constituyen un elemento ideal para devolver la armonía a las relaciones familiares y generar el impulso que se necesita para emprender nuevos proyectos.

4 VIENTO

bendiciones de la fortuna

La casa del Viento, o de la Fortuna, guarda relación con nuestras experiencias de suerte y buena fortuna. Aunque la energía aquí se manifiesta en el mundo en forma de dinero (lo que explica por qué a menudo se le denomina el «rincón de la riqueza»), resulta aconsejable observar que nuestros golpes de fortuna suelen acudir a nosotros bajo otras muchas formas, como oportunidades, invitaciones, hijos y amigos.

El trigrama del *I Ching* para el Viento ofrece la imagen de un árbol flexible que se dobla por la acción del viento. Representa crecimiento, maduración, sensibilidad y asimilación de ideas que llegan hasta nosotros como semillas en los vientos de cambio. Dado que el movimiento se asocia con el Viento, los elementos móviles, los abanicos y las esculturas cinéticas estimulan la energía del Viento.

La asociación energética con la riqueza significa que tener un cuarto de baño en esta zona puede suponer todo un reto financiero, ya que la energía se agota constantemente al evacuarse por tuberías y lavabos, y el movimiento descendente de energía que se produce al tirar de la cadena se lleva la energía chi positiva que se ha acumulado en el hogar, de ahí que difícilmente se manifieste como dinero abundante. Pero no se preocupe, ya que existe un remedio que no implica nueva instalación de fontanería: plantas sanas de crecimiento erecto, fotografías o imágenes de plantas (en el caso de habitaciones interiores sin luz natural) y pequeños cantos rodados que actúen como anclaje pueden invertir el flujo del chi. La taza del lavabo debe mantenerse siempre cerrada, así como colocar los tapones en los desagües y un pequeño espejo colgado en la parte exterior de la puerta del cuarto de baño, que también debe mantenerse cerrada.

Cuando en una casa falta esta zona, los accidentes y la mala suerte se suceden. Los ajustes implican de nuevo recurrir a la energía del árbol, es decir, plantas y el color verde. Los bosques adoran el agua, por lo que éste es un lugar ideal para colocar una fuente de interior o una pecera. Asimismo, pueden emplearse imágenes de agua en movimiento, ya que el agua siempre se ha asociado con propiedades creadoras de vida, nutrientes, así como con la creación de riqueza. Si la zona que falta cae en el jardín, resulta aconsejable reforzar la iluminación exterior y colocar una pila para pájaros o plantas atractivas, y aunque se trate de un espacio al aire libre, estos elementos generarán una energía positiva. Cuando en esta zona exista una proyección, la casa prosperará y todo aquello a lo que sus habitantes aspiren dará mejores resultados.

¿En qué punto se encuentra?

• *¿Se siente afortunado con lo que tiene ahora mismo, ya sea mucho o poco?*

• *¿Se considera una persona con suerte o, por el contrario, cree que le persigue la mala suerte?*

• *¿Han aumentado sus facturas desde que se mudó a su casa actual?*

• *¿Tiene suficiente dinero o se lo gasta tan pronto como lo recibe?*

Si no falta esta zona, compruebe si su riqueza se va por el desagüe. ¿Hay en su casa muchos cuartos de baño que reduzcan sus ingresos? Si esta zona falta o es oscura, refuerce la iluminación o coloque un espejo para revitalizarla.

La quinta casa reside en el centro del bagua, y aunque carece de un trigrama, guarda una estrecha relación con Tierra (2) y con la energía del suelo. Representa una unificación de todas las fuerzas y, al tratarse del punto de encuentro de todas las energías, el Tai Chi constituye un importante factor de estabilidad y equilibrio, de ahí que se le conozca como Salud. Esta zona de la casa debe mantenerse despejada para que el flujo de energía pueda atravesarla sin obstáculos. Por esta razón, el desorden y el estancamiento ejercerán un gran impacto en todos los aspectos de su vida, ya que esta zona incluye elementos de todos los trigramas: cualquier factor presente aquí afectará a la estabilidad de su vida, ya sea salud, relaciones, familia o planes.

Esta zona es particularmente importante para la salud, por lo que siempre debe mantenerla limpia, ordenada y despejada. Dado que la auténtica vitalidad y el bienestar sólo pueden conseguirse si todo se encuentra en equilibrio, haga que este espacio resulte armonioso: utilice para ello una correcta mezcla de todos los elementos y no se limite a la predominancia de uno de ellos. Puede acentuar la conexión con la Tierra para recordarse a sí mismo que debe permanecer centrado, y esto reforzará su actitud positiva ante la vida. En ese sentido, incluya cerámicas, recipientes vacíos y cualquier objeto que resulte suave y receptivo para ayudarle en esta tarea.

5 TAI CHI
salud

Si en su casa falta esta zona, puede convertirse incluso en una gran ventaja. De hecho, las culturas tradicionales siempre dejaban un patio abierto en el centro de la casa y lo utilizaban como jardín de forma que penetraran los elementos del mundo exterior. Por regla general, al menos dos tercios de ese espacio se mantenían despejados en lugar de ocuparlo por completo.

Dado que se trata de un importante punto de reunión y un núcleo social, intente que el centro de las habitaciones esté despejado, sobre todo el salón. No bloquee el espacio central con una mesa baja; coloque ésta en un lado con el fin de favorecer el flujo de energía y facilitar el paso de las personas.

¿En qué punto se encuentra?

- *¿Cómo anda de salud? ¿Se siente descentrado? ¿Sufre de problemas recurrentes o simplemente de una falta general de energía y vitalidad?*
- *¿Se suele sentir mal y con la necesidad de tomar algún refuerzo vitamínico?*

- *¿Siente que su vida está desordenada y le abruma?*
- *¿Está estresado? ¿Se siente agobiado por las complejidades de la vida? ¿Tiene la sensación de que todo se le echa encima?*
- *¿Siente la necesidad de vaciarse y deshacerse de sus cargas?*

Observe con detenimiento la zona o estancia que ocupa el centro de su casa. ¿Es un centro de actividad con un flujo ininterrumpido de energía, o simplemente está bloqueado y estancado? ¿Es difícil encontrar un espacio abierto en el salón? ¿Dispone de zonas despejadas y abiertas para celebrar reuniones con la familia y los amigos?

Si cualquiera de estas preguntas le afecta de un modo u otro, observe su casa detenidamente para comprobar si puede eliminar o redistribuir el mobiliario que obstruye esta zona específica, de forma que los pasillos «respiren» de nuevo. Es probable que sienta que la habitación y, en consecuencia, su vida se abren de nuevo.

¿En qué punto se encuentra?

- *¿Tiene amigos íntimos?*
- *¿Hay alguien en su vida que actúe como mentor o guía?*
- *¿Tiene amigos que recurren a usted en caso de problemas?*
- *¿Dispone de apoyo en las épocas de crisis?*
- *¿Es usted generoso y comprensivo con las causas caritativas?*
- *¿Es voluntario en algún grupo de beneficencia?*

Este rincón de la estancia es ideal para colocar fotos en las que se encuentra disfrutando junto a sus amigos. ¿Qué adorna ese rincón actualmente? ¿Se trata de la zona más despejada? ¿Dónde está el teléfono y su agenda? Para disfrutar de una vida social más activa, coloque esos objetos en esta zona.

Si desea abrirse a otras personas y obtener una sólida red de apoyo, energice esta zona con plantas, iluminación y energía metálica expresada en cuencos redondos y objetos de metal, como marcos de cuadros o fotografías. Asimismo, esta zona constituye el lugar adecuado para colocar imágenes de ángeles o símbolos de cualquier otro tipo de ayuda que desee recibir.

El cielo representa la fuerza creativa del universo y es la fuente de todas las cosas. Se asocia con el arquetipo del padre, una figura de autoridad, fuerza, liderazgo, masculinidad, logros, conciencia. No obstante, esta casa se conoce más popularmente como Amigos generosos y representa todos los medios de apoyo visibles e invisibles. ¿En quién confía? Niñeras, amigos de verdad y, en general, todos aquellos que aparecen en su vida como ángeles para sacarle de un aprieto u ofrecerle un hombro en el que llorar. No obstante, la fuerza funciona en ambos sentidos, por lo que también representa su espíritu de filantropía y su voluntad de entrega a los demás.

Esta casa se asocia con la energía del metal, los colores blancos y plata, el otoño y el noroeste, y está representada por joyas, piedras preciosas, cristales, símbolos de masculinidad y autoridad, leyendas, mitos e historias.

Si esta zona de la casa no está presente o cae en un garaje, desaprovechará el apoyo de quienes desean ayudarle y tendrá dificultades con su autoridad. Dado que en este caso la energía es masculina en gran parte, la suerte y las facultades de los hombres se verán perjudicadas, los niños no prestarán atención a sus padres y podría tener problemas con sus superiores masculinos en el trabajo; además, los hombres quizá pasen más tiempo fuera de casa debido a la falta de energía masculina en el ambiente. Para evitar todo esto, estimule esta energía incluyendo metal y nutriéndolo con energía de tierra, y conviértase en una persona solidaria mediante el trabajo voluntario y realizando donaciones. La zona del Cielo mantiene una estrecha relación con la casa de la Fortuna (4), en el extremo opuesto del bagua. Por ello, cuanto más activa sea esta zona de la vivienda, mayor será la polaridad entre las dos casas. Esto significa que cuanto más se entregue en términos de filantropía y tiempo a los otros, mayor será el magnetismo del Viento y, por tanto, más suerte recibirá.

Una proyección en esta zona significa que la casa resulta muy sociable y popular, con numerosas entradas y salidas. Dado que su energía se desarrolla con más fuerza, los inquilinos masculinos se verán favorecidos, y existe un mayor potencial para que éstos se conviertan en figuras populares en la comunidad. Del mismo modo, y debido al énfasis en la autoridad masculina, podría producirse un exceso de ego masculino, de forma que los hombres pueden tender a ser dogmáticos, mientras que las mujeres tal vez se sientan menos cómodas.

6 CIELO
amigos generosos

La naturaleza de la séptima casa es como la de la hija pequeña de la casa: de espíritu libre, joven, llena de esperanza y alegría. Representa la imaginación y la creatividad, los sentidos y la apreciación de artes como la música, la danza y la pintura. Cualquier cosa que nos aporte placer —juegos, fotografías, adornos y pertenencias queridas— lleva la esencia del Lago.

La energía del Lago es sinónimo de metal y se asocia con un romance, las puestas de sol, el brillo dorado del cielo y la cosecha. De hecho, es la época en que recogemos nuestra recompensa.

En lo más profundo de nuestro ser existe un deseo de crear, de dejar algo de valor cuando desaparezcamos, y para las mujeres es especialmente importante expresarse y sentirse creativas de algún modo. Para muchas, esta forma de expresión serán los hijos, aunque de hecho cualquier proyecto o negocio también es producto de nuestra creatividad. No es necesario que sea un artista ni que escriba novelas; es suficiente expresar su voz interior, única, sin miedo a los juicios y de la forma más adecuada para usted, como cocinar, realizar arreglos florales o reparar coches. Mantener la energía del Lago en su interior puede resultar perjudicial para la salud, aunque los problemas relacionados con la falta de creatividad o impotencia también pueden estar relacionados con una deficiencia en Antepasados (3).

Si esta zona de la casa está demasiado llena o desordenada, la creatividad puede quedar reprimida, como cuando intenta pensar con la mente sobrecargada. Debemos desechar las viejas ideas que merodean en nuestras cabezas y despejar el desorden físico de la casa con el fin de permitir que la energía creativa florezca.

Cuando falta esta parte, es probable que también falten niños. Asimismo, existirá una falta de placer, escaseará la creatividad y las mujeres más jóvenes en particular dispondrán de menos energía de apoyo. Las correcciones deben incluir energía metálica (objetos metálicos blancos y curvas), que además se reforzará con tierra (objetos amarillos, de cerámica y suaves). Una proyección en esta zona particular propiciará un ambiente doméstico más creativo y sociable, con mayor capacidad de conseguir que las cosas se materialicen y lograr aciertos. Llevar las cosas a buen término es sinónimo de otoño.

7 LAGO
creatividad

¿En qué punto se encuentra?

•*¿Tiene hijos? ¿Desea tenerlos?*
•*¿Es usted creativo? ¿Cómo expresa su creatividad: con los amigos, como un artista, un músico o un escritor, a través de un negocio?*
•*¿Disfruta en su tiempo libre?*

•*¿Dispone de suficiente tiempo libre?*

¿Está saturada esta parte de la casa o existe espacio suficiente para «respirar»? Compruebe las posibles deficiencias en la zona de Antepasados (3); los asuntos sin resolver pueden dificultar la materialización de su futuro.

8 MONTAÑA
sabiduría

La casa de la Montaña trata de la contemplación y el conocimiento interior, de ahí su nombre común de Sabiduría. Como una cueva dentro de una montaña, necesitamos estar vacíos para recibir sabiduría en lugar de limitarnos a llenarnos de conocimiento. Las cualidades de la montaña incluyen pesadez, solidez, silencio e inercia. Entre los objetos que posee la naturaleza de la Montaña se encuentran recipientes, como jarrones, y muebles pesados (cómodas, armarios y aparadores). Los dormitorios presentan una cualidad de montaña debido a que se utilizan como una cueva, ya que se convierten en el recipiente de nuestra energía mientras dormimos.

Esta energía inamovible está relacionada con una gran fuerza de voluntad, la lucha por establecerse y los comienzos, cuando se dedican los esfuerzos a obtener logros, a estar centrado y actuar con decisión. La Tierra es el opuesto físico de la Montaña en el bagua, por lo que las relaciones que mantengamos con nosotros mismos y con nuestro mundo interior tienen muchas probabilidades de ejercer un efecto en nuestras relaciones con los demás. En consecuencia, aquellos que deseen reforzar sus relaciones o encontrar una pareja y establecer una relación también deben reforzar esta zona. La Montaña representa energía de tierra y se basa en objetos que po-

¿En qué punto se encuentra?

- *¿Se siente satisfecho de sí mismo?*
- *¿Tiene un sentimiento de paz interior?*
- *¿Se siente estresado y desconectado?*
- *¿Es capaz de aislarse del ritmo acelerado del día y sentirse tranquilo?*
- *¿Reserva tiempo para sí mismo, para sintonizar con su sabiduría interior?*
- *¿Cultiva su propio tiempo de Montaña? ¿Sabe retirarse para meditar, rezar o, simplemente, para darse un buen baño?*

¿Hay algún rincón de la casa que le sirva de retiro, un lugar sencillamente para estar? En ocasiones necesitamos encontrar un lugar en el que podamos permanecer de pie, como en la montaña. Por ello, la zona de la Montaña constituye un espacio ideal para leer o guardar libros.

Cuando reforzamos nuestra zona de Montaña, reavivamos nuestra consciencia de nosotros mismos. Lleve a cabo esta operación con objetos que representen la energía del fuego: colores rojos, luces y arte dinámico. Si dispone de alguna extensión y se encuentra en una situación propicia a la discusión, elimine el exceso de energía de tierra con objetos metálicos.

seen una cualidad de Montaña similar a la tierra. Asimismo, recibe energía del fuego, representado por el color rojo, los triángulos, la luz y cualquier cosa que aporte inspiración, como el arte.

Si es posible debe evitarse una proyección en esta zona, ya que precisa simetría y estabilidad. Una proyección podría crear conflictos, ya que las parejas descubrirían que sus opiniones son cada vez más dispares, como picos gemelos de una montaña inamovible. Para rectificar este problema es preciso eliminar el exceso de energía de tierra con la ayuda del metal, como, por ejemplo, objetos blancos, curvados o metálicos.

Si se carece de esta zona, las personas que habitan la casa encontrarán dificultades para sentirse tranquilos y seguros, y desde esta base de inestabilidad será más difícil establecer nuevos horizontes. Las montañas se forman como consecuencia de una energía estruendosa en la tierra, como si de un nacimiento se tratase. Como resultado, si en la casa falta esta energía de erupción, tal vez se encuentren serias dificultades para tener hijos; incluso podría implicar problemas de fertilidad. Además, puesto que la Montaña representa una alimentación temprana, los niños pequeños tal vez encuentren dificultades en este terreno.

9 FUEGO
iluminación

La propia naturaleza del Fuego ilumina nuestro ser y el de los demás, razón por la que esta zona del bagua se conoce más comúnmente como Iluminación. Representa la claridad, la visión, la visibilidad y los ojos, el entendimiento y la tolerancia. Su naturaleza se expresa en la luz, en velas y en cualquier objeto creado a partir de la inspiración o susceptible de inspirarnos: esculturas, poesías, ceremonias y rituales, cuadros, música clásica y objetos sagrados.

El calor y la incandescencia asociados al fuego otorgan a este último una cualidad explosiva. La energía del Fuego irradia en todas direcciones, y es como la hora punta del sol de mediodía en verano. Si no se siente inspirado, tal vez es que le falta Fuego a su alrededor. Por el contrario, si tiene problemas para finalizar sus proyectos y se siente incapaz de acabar las cosas, quizá exista un exceso de energía de fuego en la casa (demasiado color rojo o formas angulosas), que poco a poco deshace la energía de metal que le permite llevar sus proyectos a buen término.

Iluminación significa encontrar su camino, y esta casa del bagua se encuentra justamente en el extremo opuesto con respecto a Agua/Viaje (1), relacionada con nuestro camino en la vida. Las dos casas —y su polaridad en el norte y el sur del bagua— tratan de nuestros propósitos y el hecho de aportar una mayor capacidad de visión a nuestra vida de modo que podamos culminar esos propósitos, ya que resulta mucho más difícil adoptar una línea moderada a través de las aguas de la vida cuando el Fuego es deficiente y falta claridad. Si su carrera profesional atraviesa un mal momento, compruebe las zonas del Fuego y el Viaje.

Si su casa carece de esta zona, tal vez alguien acuse una visión deficiente o incluso podría producirse una falta de claridad y problemas ante la posibilidad de hacerse famoso. Una proyección en esta zona resulta beneficiosa en lo que respecta a la fama y el reconocimiento, pero también podría implicar que los secretos íntimos salieran a la luz y llegaran a ser de dominio público.

¿En qué punto se encuentra?

- *¿Le importa la opinión de los demás sobre usted o se siente seguro de sí mismo?*
- *¿Se deja influir fácilmente por las opiniones de los demás?*
- *¿Cree que la reputación es importante para usted?*
- *¿Está consiguiendo el reconocimiento que desearía o que cree merecer por sus logros en el trabajo?*
- *¿Es capaz de influir en sus amigos y compañeros de trabajo?*

Aportar claridad a su vida puede implicar una limpieza en profundidad de las obstrucciones de la zona del Fuego, para iluminarla después con un espejo e iluminación adicional. Nuestra naturaleza apasionada y capacidad para inspirar a los demás tal vez necesiten la estimulación del rojo del fuego. Sin embargo, debe evitar el exceso: nadie desea ir demasiado lejos y provocar cambios en la casa que conlleven un exceso de energía de fuego. Por ello, al principio debe proceder con mucha cautela.

CINCO ENERGÍAS

SUPERIOR *Los espacios resultan más armoniosos cuando existe un equilibrio entre estas cinco energías. Podemos conseguirlo introduciendo elementos de cada una de ellas. En este ejemplo, la energía del árbol está representada por la planta alta; la energía del fuego aparece en las luces, el cristal y el toque de rojo; la energía de tierra está presente en los colores amarillo y marrón; la del metal, en el uso de éste para las luces, la mesa y la base del sofá; por último, la del agua aparece en la forma del sofá y en el diseño irregular de las luces.*

El universo se encuentra en permanente cambio. El hecho de ser consciente de los patrones de cambio ayuda a vivir más armoniosamente con la ley natural. Estas alteraciones constantes de la vida pueden considerarse en términos de cinco energías en movimiento, clasificadas como árbol, fuego, tierra, metal y agua. Una clave básica para comprender la práctica del feng shui consiste en entender que los cambios de la naturaleza se producen debido a estas cinco energías. Concepto fundamental en el pensamiento chino, los antiguos clásicos también consideraban estas cinco energías como ingredientes básicos en la constitución de todo elemento físico viviente. Además, poseen numerosos elementos que caracterizan la materia y los ciclos del tiempo, y nos ayudan a entender cómo se mueve y cambia la energía en el mundo invisible de las vibraciones, que a su vez gobierna el movimiento de energía alrededor de nuestras casas.

Dado que la fuerza de cada energía afecta al equilibrio del entorno, el hecho de saber cómo cambia cada energía nos permite realizar los ajustes adecuados en el interior de nuestras casas. Existe un orden fijo en cuanto al modo de moverse e interactuar dentro de una secuencia continua, sin un principio y un final. Un ciclo de interacción es el ciclo creativo que resulta nutriente y productivo: por ejemplo, el agua nutre la energía del árbol y le ayuda a crecer; a su vez, la energía del árbol alimenta el fuego. Otro ciclo es el destructivo, en el que las energías se controlan entre sí, se debilitan y actúan de modo antagónico. Así, la energía del fuego derrite el metal, y dado que éste es símbolo de dinero, el fuego debe utilizarse con precaución en interiores.

Árbol

El movimiento de la energía del árbol es vertical y exterior, y en su casa encontrará símbolos de esta energía en las sillas de respaldo alto, los paneles y muebles de madera, las piezas de mobiliario altas, las plantas también altas y en los cuadros que presenten símbolos de movimiento vertical, como árboles altos. La naturaleza del árbol se asocia con la dirección este, nuevos comienzos, la energía naciente de un nuevo día, la primavera (con su explosión de nueva vida), la salida del sol y el comienzo de la actividad, así como también con el color verde. Las virtudes del árbol incluyen la paciencia, la benevolencia y la resistencia, mientras que un desequilibrio puede provocar mal genio e irritabilidad. Los nuevos proyectos se beneficiarán de la presencia de una planta verde y alta, que simbolizará el éxito del nuevo reto y le prestará apoyo.

En el bagua, las casas de Antepasados (3) y Fortuna (4) están simbolizadas por el árbol. Por tanto, si desea estimular estas zonas debe rodearse de más energía de árbol con símbolos de madera, cuadros de amaneceres o plantas altas. Dado que la madera se alimenta de agua, es recomendable prestar apoyo al árbol con símbolos de energía de agua (*véase* pág. 41). Una cocina estaría bien colocada en la zona de árbol de una casa (las casas de 3 y 4), ya que esta energía separa el agua y el fuego en el ciclo creativo.

Fuego

El movimiento del fuego es activo y palpitante, y se asocia con el color rojo, los ángulos acusados y las formas triangulares, como las llamas mismas. La energía del fuego es brillante, como el sol de mediodía, y en el bagua está asociado con el sur y la casa de Iluminación (9). El fuego está representado por la iluminación, las obras de arte, los animales, las obras que describen animales y personas, y los muebles de formas angulosas. Asimismo, se asocia con las transformaciones químicas y la cocina, por lo que ésta y su «fuego» de cocción se convierten en el centro de la casa. No obstante, el exceso de fuego puede convertir la pasión y la excitación en pánico y estrés. Las velas y las flores rojas sobre una mesa de comedor ayudan a extender las llamas del deseo y crear un entorno romántico, y la naturaleza viva y activa del fuego también lo convierte en elemento ideal para una estancia destinada a celebrar reuniones sociales.

En el ciclo creativo, el fuego se alimenta de la energía del árbol: si es muy reducido, sólo arden algunas ascuas; si, en cambio, es excesivo, las llamas pueden escapar de nuestro control. Puede estimular la zona de la casa o cualquier estancia asociada con la reputación y la fama mediante la inclusión de formas de fuego y objetos rojos. Asimismo, resulta aconsejable alimentar el fuego con algunos símbolos del árbol.

SUPERIOR *Aquí se muestra de nuevo otro ambiente en el que se han mezclado las cinco energías. La energía del árbol está claramente representada por la mesa, las sillas y el arreglo floral; existe un toque de fuego en las velas, los cojines y las fotografías de personas, mientras que la tierra está representada en el tono amarillo y en el sofá, largo y bajo; el metal, a su vez, está presente sobre la mesa y, por último, el agua está representada en los cojines de color azul oscuro y en el marco negro.*

DERECHA Este diagrama muestra cómo se mueven las cinco energías y se relacionan entre sí en el ciclo creativo. Si comprende a fondo cómo se representa cada energía en su hogar, podrá cambiar fácilmente el ambiente que le rodea. Por ejemplo, si sabe que la energía de metal aporta estabilidad, puede incluir los símbolos y los colores del metal en una estancia en la que este ambiente sea más adecuado, como un comedor o un dormitorio. De igual modo, el hecho de saber que la energía de fuego es muy activa le permitirá utilizar sus atributos allí donde se necesite una estimulación más acusada, como, por ejemplo, una mesa con velas para dos. Si, en cambio, lo que desea es calentarse y relajarse, cree un entorno de agua con líneas suaves y colores azulados, justo en el extremo opuesto del espectro con respecto a los rojos vivos e intensos.

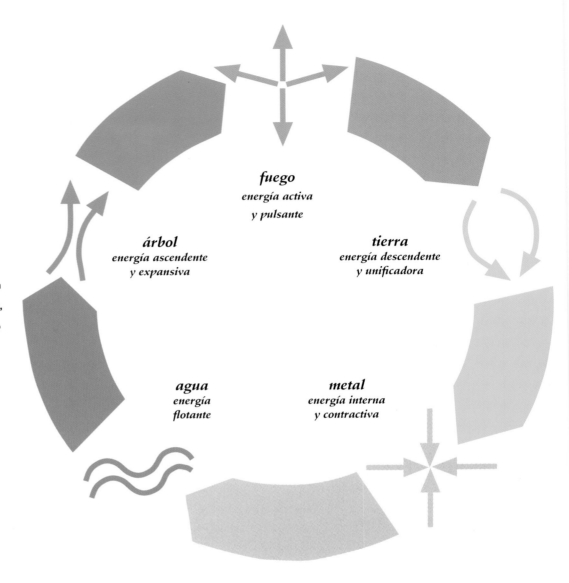

fuego
energía activa
y pulsante

árbol
energía ascendente
y expansiva

tierra
energía descendente
y unificadora

agua
energía
flotante

metal
energía interna
y contractiva

Tierra

La naturaleza del movimiento de la tierra es unificadora y descendente. Simboliza la energía estabilizadora de última hora de la tarde, la maduración de las cosechas y la recolección. Sus colores son el amarillo y los tonos marrones. En lugar de estar alineada con una de las cuatro direcciones de la brújula, su posición es central; por ello, está estrechamente relacionada con la agrupación de objetos en el centro. Está asociada con tres casas del bagua: Sabiduría (8), Relaciones (2) y Salud (4). Las virtudes de la tierra incluyen la honestidad, simpatía, sabiduría y respeto, por lo que posee atributos de apoyo, receptividad y nutrición. Sin embargo, cuando se produce un desequilibrio da lugar al escepticismo y la irritabilidad.

Entre los elementos del hogar que representan la energía de la tierra se encuentran los muebles anchos y bajos, las mesas laterales, los sofás largos y cómodos y los cojines grandes y suaves. Los materiales terrosos como la terracota y las cerámicas también están relacionados con la tierra, y las reuniones familiares se verán beneficiadas si se coloca un ramo de flores amarillas en un jarrón de piedra.

La tierra recibe su alimento del fuego, por lo que los símbolos rojos también reforzarán las relaciones. A su vez, la tierra crea metales minerales, por lo que cualquier objeto con la naturaleza de la tierra intensificará las zonas de metal del bagua. La calidad de recogimiento de la tierra la convierte en un elemento ideal para un comedor, ya que su energía tranquilizadora favorece la digestión.

Metal

La naturaleza del movimiento de la energía del metal es interior y solidificante. Representa el final del otoño, cuando disfrutamos de los frutos de la cosecha; es por ello que constituye una época de recompensas que camina hacia la finalización de un proyecto. Está alineada con el oeste, con vistas al brillo dorado del ocaso, y se asocia con dos casas del bagua: Amigos generosos (6) y Creatividad (7).

La forma que representa la energía del metal es el círculo, por lo que los edificios que tienen muchos elementos curvados y arcos poseen una naturaleza de metal. Los objetos metálicos, como los de acero inoxidable, y los colores blanco y dorado también representan el metal.

Las virtudes del metal incluyen rectitud, felicidad, seguridad e integridad, pero los desequilibrios provocan melancolía y tristeza. Asimismo, el metal representa la energía del dinero y nuestra capacidad para obtener recompensas tangibles y resultados de nuestros esfuerzos. Por tanto, un jarrón con flores blancas en el estudio le resultará útil cuando tenga que concentrarse y terminar una tarea. En el ciclo creativo, el metal se alimenta de la tierra; por tanto, la Creatividad se beneficiaría tanto de los símbolos de tierra como de metal. De igual modo, la naturaleza descendente y asentada del metal hace que resulte ideal para dormitorios y estudios.

Agua

La energía del agua es flotante y estática, y representa la tranquilidad, la oscuridad de medianoche, la quietud del invierno, de las que recibimos la perspicacia. Sus colores son el azul y el negro, y sus formas son irregulares, asimétricas, orgánicas, formas libres e incluso amorfas. En el bagua está asociada con la casa del Viaje (1) y con el norte.

Las nuevas ideas se generan cuando provienen de las profundidades de nuestra creatividad. Al mismo tiempo, las virtudes de la energía del agua comprenden confianza, valor y fuerza de voluntad. En consecuencia, cuando esta energía no está en equilibrio, se producen sentimientos de desesperanza y una total falta de autoestima.

En el ciclo creativo, el agua se genera a partir de la fundición de la energía de metal. Cuando sea importante reforzar la potencia de la energía de agua en una estancia de la casa, coloque símbolos de agua o bien objetos de color azul. La inclusión de energía de metal mediante la adición de blanco, formas redondas y objetos de metal aportará una mayor capacidad de inspiración. El carácter estático del agua lo convierte en lugar ideal para el retiro y la meditación.

PRÁCTICA

almacenamiento *objetos brillantes sonido objetos vivos símbolos agua colocación color forma*

DE DISEÑO

ALMACENAMIENTO

SUPERIOR Cuando nos quejamos de que no tenemos nada que ponernos, suele ser debido a que no encontramos los conjuntos adecuados. El hecho de guardar diferentes tipos de prendas por categorías y en estantes y barras distintos resulta de gran ayuda, ya que le permite ser más organizado y tener una mayor capacidad de control. Si lo primero que ve cada mañana es un ropero caótico repleto de camisas, calcetines y jerséis desordenados, se verá influenciado para el resto del día. Esa visión de desorden en el mundo se ve reforzada por el desorden del propio hogar.

DERECHA Existe una hermosa sencillez en esta estancia en la que todo está en su sitio y todos los materiales son naturales. Las líneas horizontales de la cama y la puerta equilibran las verticales del marco de la puerta y el armario. Esta forma de almacenamiento es mucho más aconsejable que las puertas con espejos, que resultan muy molestas a la hora de conciliar el sueño.

En primer lugar, debemos partir de la diferencia esencial que supone vivir en una casa ordenada y otra desordenada. Así, el almacenamiento resulta ordenado y accesible, y abarca todos los lugares donde guarda materiales que piense utilizar en algún momento: desvanes, sótanos, garajes, cobertizos, roperos, aparadores, cajones, joyeros, cómodas y estanterías. Los objetos guardados deben clasificarse según su valía, utilidad o estima. Así si hay algo que no aprecia o no necesita, deberá considerarse como un objeto inútil y propiciador de desorden. No debemos empeñarnos en disfrazar como elementos útiles todo ese cúmulo de trastos inservibles que a menudo atiborran nuestras casas. De este modo, el desorden incluye todo aquello que ya no se utiliza, los regalos que no le gustan pero que no se atreve a tirar, los objetos útiles que no tienen un lugar específico y están en un lugar poco adecuado, los trabajos sin terminar que le atormentan, como labores de punto, así como los montones de revistas a medio leer o el correo atrasado.

Todos los puntos destinados a almacenamiento, como armarios y desvanes repletos, ejercen un efecto sobre cada uno de nosotros, de tal forma que cada vez que abre una puerta y observa el caos que se esconde tras ella, ese desorden le afecta hasta el punto de estar recibiendo un tipo de energía equivocada y añadir confusión a su vida. Todos estamos conectados de un modo u otro con nuestras pertenencias, desarrollamos algún tipo de ligadura emocional que

SUPERIOR Aunque resulta preferible mantener los dormitorios despejados, no siempre es fácil desprenderse de los libros favoritos (al menos las estanterías no están llenas). La suave cortina en la entrada añade un ligero contraste con los libros, que de otro modo resultarían pesados y grandes. Es recomendable guardar los objetos más ligeros, como las cestas, encima de la entrada.

EXTREMO SUPERIOR DERECHA Si los niños disponen en su habitación de unas buenas estanterías y un entorno ordenado para guardar los libros y juguetes, estará animándoles a cuidar sus pertenencias y ser más organizados. Los tubos rojos y los estantes amarillos empleados en este dormitorio hacen de él un lugar divertido para guardar los «tesoros» infantiles.

SUPERIOR Las estanterías desordenadas reflejan una vida desordenada. Muchas personas poseen grandes cantidades de libros y se sienten incapaces de desprenderse de un solo volumen. Como mínimo, deben mantenerse limpios de polvo, revisarlos de vez en cuando y deshacerse de alguno, y asegurarse de que dispongan de espacio para «respirar».

SUPERIOR *Un ambiente sencillo pero bello, básico, sin florituras pero alentador gracias al sólido armario de madera y a las sillas perfectamente dispuestas. La vajilla está colocada de forma que es accesible desde la mesa, y las puertas del armario permiten ocultarla cuando no se utiliza. Al final de un día de intenso trabajo en un ambiente frenético, este comedor parecerá un auténtico santuario que nutre el espíritu al tiempo que permite saciar el apetito.*

DERECHA *La cocina constituye el corazón de la casa. Si en esta estancia gobiernan la sencillez y la organización, estas cualidades permanecerán durante la preparación de las comidas y contagiarán a todos. La disposición limpia, despejada y ordenada de los utensilios de cocina no sólo inspira al cocinero en la creación de comidas deliciosas, sino que además garantiza tranquilidad, sobre todo en las cocinas con estantes abiertos. Es preferible guardar los cuchillos fuera de la vista.*

explica por qué cuesta tanto deshacerse de algunas cosas. De este modo, cuantas más cosas tenga, más le debilitarán, ya que tendrá la sensación de cargar con el peso de todo aquello que posee. El desorden dificulta el flujo libre de energía en su casa y, por tanto, en su vida. Al final, poseer demasiadas cosas acaba por minar su energía, lo que dificulta sobremanera el progreso en la vida.

Observe dónde se encuentra el desorden en su casa. ¿Cómo se relaciona con el bagua? Si es incapaz de abrir una puerta debido a la enorme cantidad de botas y abrigos que contiene el armario, y éste se encuentra en la zona de paso del bagua, resultará fácil comprobar por qué tiene tantos problemas para encontrar el trabajo que realmente desea. Cuantas más dificultades encuentre la energía para fluir debido al estancamiento provocado por montañas de revistas y libros en el suelo, más obstáculos creará en su vida.

Por todo ello, resulta evidente que ante todo debe saber rodearse de energía chi sana, vibrante y libre. Cualquier objeto o elemento que dificulte esta operación ejercerá un efecto adverso, por lo que es imprescindible cambiarlo: resulta muy difícil sentirse despejado y lleno de vitalidad si se está rodeado de estancamiento y desorden.

Son infinitos los testimonios de personas que explican cómo al llevar a cabo una gran limpieza han visto transformadas sus vidas. Si, tras la lectura de este libro, tan sólo se siente con ánimos de realizar una única cosa, que sea la de deshacerse de todo aquello que ya no utiliza. Al hacerlo, obtendrá una asombrosa sensación de liberación. Además, si desea crear un nuevo futuro, recuerde que debe crear algún espacio en su vida para que puedan entrar las nuevas posibilidades y oportunidades: todo potencial necesita un mínimo de espacio para respirar. No obstante, no debe confundir la limpieza de objetos inservibles con la transformación de su casa en el sueño de un minimalista, sino que tan sólo debe cerciorarse de que se rodea de las cosas que realmente ama, y tenga siempre presente el principio de que menos es más: cuantas menos cosas interfieran en el flujo de la energía, mayor será su potencial renovador.

EXTREMO SUPERIOR No todo el mundo gusta de vivir en un ambiente minimalista, y algunas personas se sienten más reconfortadas con una colección de objetos queridos. Un aspecto un tanto desordenado puede dar mejores resultados si los objetos expuestos son útiles, siempre y cuando se muevan periódicamente.

SUPERIOR Este conjunto de objetos dispuestos de una forma tan sencilla posee un atractivo diferente al caso anterior, ya que ofrece una gran diversidad de formas y motivos a la vista.

OBJETOS BRILLANTES

SUPERIOR *El empleo de la luz y el cristal constituye uno de los métodos más sencillos para activar la energía chi en una zona. Los estantes de cristal en una ventana potencian la energía mucho más que los de madera, y con la adición de botellas de cristal verde y azul (colores que representan el árbol y el agua) realzarán un rincón interesante. En este caso se ha añadido una pequeña esfera de cristal que pende de un hilo transparente.*

PÁGINA SIGUIENTE, IZQUIERDA

La colocación de un espejo sobre una chimenea crea un poderoso punto focal en una estancia. El reflejo plateado del espejo proporciona un antídoto refrescante contra el calor del fuego. Dado que este espejo atraerá la atención en la estancia, hay que ser consciente de lo que ese espejo refleja. Si la habitación está desordenada, el espejo expandirá ese desorden y las dificultades se duplicarán. Los espejos en los salones también pueden colocarse de modo que reflejen el mundo natural que se extiende fuera de la casa. Las vistas de agua resultan de lo más relajantes.

Los objetos brillantes son aquellos que poseen cualidades reflectantes: cristales, espejos y cualquiera cuya superficie sea reluciente. Activan la energía al atraer o aumentar la luz. Los objetos y los adornos de cristal, las estatuas de metal, los platos con el borde dorado, los tapices con hilos metálicos y lentejuelas brillan y relucen, con lo que realzan el nivel de chi en los lugares en los que se encuentren. Resultan especialmente útiles en los rincones oscuros y en las zonas sin decoración. Si coloca algún objeto brillante en el rincón de Amigos generosos (6) de su casa, comprobará cómo surge el apoyo de la nada en el momento en que realmente lo necesite.

La luz por sí sola también añade brillo, y las habitaciones ofrecerán un aspecto distinto en función de la cantidad de luz natural que reciban, así como del uso de la luz artificial. La luz es energía. Es posible realizar cambios espectaculares en el ambiente de una estancia apagando una luz central potente y encendiendo lámparas más pequeñas para iluminar rincones oscuros y crear pequeños focos de luz. Mediante la introducción de luces en puntos determinados en una estancia también podrá activar zonas concretas del bagua. Una lámpara constituye una corrección adecuada para los espacios negativos del bagua, de igual modo que una iluminación ascendente también contribuirá a realzar el chi en una estancia en la que existan vigas en el techo, muebles pesados o un techo bajo que provoque un movimiento descendente de energía.

Los cristales transparentes tallados en facetas poseen una extraordinaria capacidad para activar energía. Una pequeña esfera suspendida en una ventana puede ejercer un efecto espectacular en una estancia, sobre todo cuando recibe la luz del sol, y es capaz de crear un gran cambio en una zona concreta del bagua. Colocada en el espacio correspondiente a Fortuna (4), por ejemplo, ejercerá un impacto positivo en su economía. Al mismo tiempo, los cristales también resultan muy efectivos colgados en una ventana orientada a una zona exterior de la casa que representen un espacio negativo en el bagua.

Los espejos son los objetos brillantes más utilizados para mejorar el feng shui de un espacio. Con frecuencia se les denomina la «aspirina» del feng shui, aunque deben utilizarse con extremada precaución debido a su gran potencial para expandir energía y hacer que los espacios parezcan más grandes. Los espejos favorecen el flujo de energía en los espacios pequeños y apretados, como por ejemplo en pasillos estrechos o en pasos que dan a una pared: imagínese la sensación de claustrofobia en el lavabo de un avión si no existiera un espejo que agrandase el espacio. Cuando el plano de superficie de una estancia o de una casa carezca de una zona (*véanse* págs. 18-19), los espejos también resultan ideales para crear la ilusión de ese espacio que falta. Al expandir la energía de un espacio aportará más fuerza a ese ámbito de su vida que se corresponda con el bagua. Coloque un espejo en el vestíbulo, por ejemplo, y si se corresponde con su zona de trabajo, comprobará cómo comienzan a aparecer nuevas oportunidades de promoción.

EXTREMO SUPERIOR Una araña realza la energía y contribuye a unir a las personas.

SUPERIOR En este caso, la energía se multiplica mediante los hermosos cuencos, jarrones y jarras de cristal tallado. Las facetas del cristal tallado crean un brillo adicional.

CONSEJO SOBRE ESPEJOS

• Los bordes rectos de los espejos sin marco pueden resultar poco agradables, por lo que conviene enmarcarlos o al menos asegurarse de biselar los bordes.

• La forma puede cambiar el efecto; los espejos redondos y ovalados son preferibles para crear armonía en los dormitorios y en espacios pequeños, como los cuartos de baño.

• Los espejos deben estar perfectamente limpios y sin roturas de modo que el reflejo que produzcan sea puro, sin manchas ni distorsiones. Resulta imprescindible evitar los espejos antiguos empañados por el paso de los años.

• La posición de los armarios con espejos en los dormitorios es importante. Evite verse reflejado en el espejo cuando se encuentra en la cama, ya que ello incidiría de forma negativa en la calidad del sueño. Los espejos expanden energía, acción que no debe tener lugar durante el descanso nocturno.

• Las baldosas con espejo pueden presentar problemas serios, ya que le «cortan» literalmente en porciones y pueden provocar un efecto muy inquietante, sobre todo en un salón.

• Asegúrese de que lo que se refleja en los espejos es positivo. Haga entrar en su casa los elementos de la naturaleza mostrando el reflejo de los árboles, y evite que la imagen reflejada sea la de un estante repleto de todo aquello que desea olvidar, ya que duplicará las cualidades negativas de un espacio.

SUPERIOR *Nuestra atención se ve atrapada por el destello de estas esferas de plata, el brillo de la luz reflejada en la concha perlada y el resplandor de las copas de cristal.*

EXTREMO IZQUIERDA *Los espejos resultan útiles para agrandar los rincones oscuros y para reorientar el flujo de chi en los espacios reducidos. Al mismo tiempo, contribuyen a abrir los pasillos; aquí se han colocado a ambos lados de una abertura entre dos estancias para producir la sensación de un solo espacio.*

IZQUIERDA *La función básica de un espejo es reflejar la imagen humana. Utilizamos espejos a diario, y es importante que la imagen sea un reflejo fiel porque se trata del único momento en el que podemos ver quiénes somos. Fíjese en la claridad del cristal y asegúrese de que el espejo está completo. Evite colocar juntas dos secciones de espejo: la imagen quedaría dividida.*

SONIDO

La premisa básica del feng shui consiste en crear armonía en la casa, y para conseguirlo necesitamos hacer algo más que pensar en términos de diseño, disposición del mobiliario y esquemas cromáticos. El sonido constituye una parte importante de nuestro entorno debido a su capacidad para curar, inspirar, energizar y calmar nuestros espíritus, hasta el punto que puede cambiar por completo el ambiente de un lugar. En primer lugar, debe examinar todos los sonidos desagradables que ya haya decidido borrar: el zumbido de la nevera, del aire acondicionado y de las bombas de calefacción; los repiqueteos metálicos de las tuberías del cuarto de baño o el ruido incesante del tráfico. Todo estos sonidos absorben la energía de forma constante y pueden alterar fácilmente nuestros sistemas nerviosos.

Más allá de los ajustes obvios y rutinarios, como guardar o desenchufar los aparatos eléctricos que no son esenciales, y tras asegurarse de que todo está perfectamente instalado, es posible reducir sus efectos adversos «tapando» el sonido con ruido blanco. En ese sentido, la música tranquila o los sonidos de la naturaleza actúan como sonidos de fondo positivos: una pequeña cascada «de interior», con sus sonidos relajantes de agua en movimiento, o una cinta con cantos de pájaros o con el oleaje del mar resultan de lo más efectivos. Para absorber algunos de los sonidos intrusos y acusados de las pisadas sobre un suelo de piedra, incorpore tapices y plantas verdes.

Otra forma de realzar la energía de su casa de forma sutil y potente consiste en colocar móviles de campanillas o instrumentos musicales. Así un móvil moderará el flujo de energía chi, y su sonido le indicará que está cambiando de un ambiente a otro cuando pase de una estancia a otra, del mismo modo que una cortina de cuentas se mueve sutilmente por acción de la corriente.

IZQUIERDA Los móviles pueden emplearse en las puertas de las cocinas, cuya distribución le obligue a preparar las comidas de espaldas a la puerta. Además, un método útil para saber cuándo entra alguien en una estancia consiste en colocar un móvil en la puerta. Otro método consiste en colgar una cortina de cuentas que produzca un sonido suave cuando se empuje a un lado. Sea lo que sea lo que utilice para marcar la transición de un espacio a otro, asegúrese de que el sonido es suave, y evite todo aquello que emita tonos que crispen los nervios, como los timbres estridentes de algunas tiendas.

IZQUIERDA *Muchas personas conocen los efectos tranquilizantes que produce un móvil en una puerta, pero pocas saben en realidad que están realizando un ajuste de feng shui.*

Las utilidades y efectos de un móvil son numerosas. En primer lugar, contribuyen a definir límites y a marcar el espacio entre el interior y el exterior mediante el sonido. El suave tintineo de un carillón le informará que ha entrado en un lugar diferente o ha cambiado de habitación. Los móviles son adecuados para marcar el límite de su propiedad y pueden colgarse de un árbol, no sólo junto a la puerta de entrada.

En segundo lugar, ayudan a moderar el flujo de chi rápido, y pueden colgarse en el interior, en el techo de un pasillo muy largo y recto. Dado que el sonido cambia los ambientes, es importante que elija los móviles por su carillón y no por su aspecto. Pruebe varios hasta que encuentre el más adecuado y que resuene con su propia energía. Es, por tanto, una elección muy personal. Los móviles pueden ser de metal, bambú o cerámica, y presentar forma de tubos o campanas.

El sonido resulta magnífico para purificar el aire y activar las energías. Ponga música alta antes de limpiar y ésta le ayudará a animar una estancia haciendo que parezca más viva.

SUPERIOR Las plantas proporcionan protección natural contra el ruido y la contaminación, y aportan sombra a las habitaciones muy luminosas. En el caso de invernaderos, resulta importante disponer de plantas grandes que conserven la energía chi en el interior del recinto en lugar de permitir que se pierda a través de las grandes cristaleras.

DERECHA Observe cuál es el lugar preferido de su perro o gato con respecto al bagua. Si el gato elige su dormitorio, o el perro prefiere el rincón de Relaciones, tal vez termine perdiendo en su vida amorosa, pero mantendrá una bonita relación con su mascota.

ANIMALES Y PLANTAS

Todos estos ajustes que acabamos de mostrar funcionan sobre la energía chi ya existente en la casa, y afectan a su movimiento y/o calidad. A continuación analizaremos cómo puede incrementar esta energía mediante la introducción de seres vivos, como animales y plantas. El chi da lugar a una mejora espectacular en una estancia que resulta apagada y estancada.

Cuanto más tiempo pasemos en nuestra casa y más artificial y sintético sea nuestro entorno, mayor será la necesidad de tener plantas, que ayudan a restaurar el equilibrio de energía. Dado que las plantas sanas constituyen una potente fuente de chi, colóquelas en aquellos puntos concretos del bagua que desee activar. Así, su matrimonio o vida de pareja mejorará notablemente si coloca una planta fuerte y vibrante en un rincón de Relaciones vacío. Cuando desee introducir energía de árbol a modo de ajuste, utilice plantas verdes, en especial variedades altas, que representan una poderosa fuente de energía ascendente.

Los efectos benéficos de las plantas son enormes. La agencia espacial NASA al investigar sobre plantas ha descubierto que las cintas, las poinsetias y las plantas del dinero absorben más radiaciones electromagnéticas, por lo que resultan ideales para aquellas estancias en las que existan aparatos eléctricos. Evite las plantas con hojas afiladas y puntiagudas, sobre todo en los espacios reducidos; las de hojas anchas y redondeadas son más recomendables. El hecho de permanecer sentado junto a una gran palmera de hojas puntiagudas apuntándole directamente le hará sentir incómodo; estas plantas necesitan más espacio y son más adecuadas para lugares públicos. Las plantas ayudan a reducir el estrés y protegen al absorber los contaminantes y las toxinas del aire. No importa si no posee una gran habilidad para el cuidado de las plantas. Manténgalas sanas y sustitúyalas tan pronto como se marchiten; de lo contrario, absorberán energía. Los beneficios que supone recibir el apoyo de chi vivo compensarán el coste que suponga sustituirlas.

Las plantas enraizadas en tierra nos ayudan a asentarnos y equilibrarnos; por tanto, disponer de un jardín de interior o un invernadero en el que podamos entretenernos, manejar tierra y regar plantas resulta de lo más relajante, sobre todo si se carece de un jardín. El buen feng shui trata de reforzar nuestra conexión con el mundo natural, y hacer que la naturaleza penetre en la casa constituye un excelente modo de conseguirlo. Las flores secas no tienen vida, por lo que deben utilizarse en las casas con moderación. Cámbielas con frecuencia y según la estación en lugar de mantener las mismas durante años, ya que atraerán el estancamiento.

Los animales también contribuyen a crear vida en una casa. Cuando se mueven también desplazan chi, hacen que la casa resulte más viva y actúan como foco de nuestro amor y atenciones. Las peceras presentan un atractivo añadido: el agua es buena para curar y atraer la prosperidad. Las imágenes de animales resultan igualmente eficaces; una estancia con fotografías o cuadros de gatos puede parecer tan animada como si contara con la presencia real del animal, e irradiará más energía que unos cuadros con frutas, por ejemplo.

EXTREMO SUPERIOR Cualquier cosa que se mueva activará el chi, por lo que incluso los movimientos y los cantos de los pájaros enjaulados aumentarán el nivel de energía de la casa. Si lo prefiere, coloque una pila para pájaros en el jardín, ya que de ese modo se activará la energía que rodea la casa.

SUPERIOR Estése atento a los lugares donde los gatos prefieren descansar, ya que se sienten atraídos por las alteraciones geopáticas (véase pág. 12). Si desplaza la cama pero el gato decide no moverse y quedarse en un punto determinado, es muy probable que irradie energías negativas.

SUPERIOR Esta escalera se ha transformado mediante la adición de tres grandes mapas de pergamino, que elevan la energía en las escaleras y actúan como recordatorios constantes de la necesidad de moverse y conocer nuevas experiencias. Las telas rojas también actúan como frenos efectivos para la energía que desciende de forma natural por las escaleras.

DERECHA Elija piezas de arte y pinturas con un significado especial y que le inspiren. Si anhela vivir en el campo, una escena tranquila como la que presenta este mural, con un pastor y su rebaño, resultará relajante y hará que su sueño parezca más asequible.

SÍMBOLOS

Los símbolos constituyen una parte importante de nuestras vidas cotidianas, ya que nos ayudan a dar significado al mundo que nos rodea. Representan el lenguaje de la mente inconsciente, y se utilizan con gran fuerza en los medios de comunicación para informarnos y persuadirnos. Las fábulas, parábolas e historias se han utilizado a lo largo de los siglos para ayudar a entendernos a nosotros mismos, a la vez que los iconos, tótems, talismanes y amuletos reúnen en sí un poder o mensaje especial. Tal vez tengan la capacidad de influirnos de forma consciente o inconsciente, pero cuanto mejor los entendamos, más control tendremos y podremos utilizarlos de una manera mucho más efectiva para enriquecer nuestras vidas.

Todo en nuestras casas posee algún significado simbólico. De hecho, la casa es una extensión de nosotros mismos: la hemos elegido y decorado, y tanto si nos damos cuenta como si no, la llenamos con objetos que tienen un significado especial para nosotros. Éste es, sin duda alguna, un proceso muy personal, como elegir la ropa que nos ponemos, de forma que la casa se convierte en metáfora de nuestra vida y refleja los momentos por los que atravesamos. No debe sorprenderse, por ejemplo, si descubre que su zona de trabajo está completamente desnuda en el preciso momento en que se encuentre en su cruce de caminos y no sepa qué dirección tomar en su vida.

Para entender cómo funciona esta relación debe comprender que las nueve casas del bagua son metáforas o símbolos del modo en que la energía se mueve en una casa. Observe el plano de superficie: si no es un cuadrado o un rectángulo perfecto, ¿qué sección falta? ¿De qué modo se relaciona esto en su vida? ¿Falta la zona de Relaciones y no tiene pareja? Lo más probable es que descubra que la zona más desordenada de la casa es precisamente la que coincide con el aspecto de la vida en que tiene más dificultades. De este modo, la incapacidad de limpiar y crear orden constituye un símbolo o transposición de su propia confusión interior.

Observe la casa desde el punto de vista del mantenimiento. El agua que se pierde por las tuberías en mal estado o las manchas de humedad implicarán, probablemente, números rojos en la cuenta bancaria. Las puertas de habitaciones o armarios que exigen un esfuerzo para abrirlas implican cierto grado de lucha o dificultades, y si en sus relaciones están comenzando a aparecer fisuras, observe los techos. De igual forma, si se siente solo, sin formar parte de un círculo social, compruebe si existe un seto demasiado alto que tapa la puerta principal a modo de barrera entre el interior y el mundo exterior.

Las casas están llenas de símbolos, que afectan a nuestra energía de forma constante. Así, por ejemplo, los cuadros que cuelgan de las paredes pueden representar una potente fuente de inspiración. Si nos centramos en algo, esto atraerá energía y se convertirá en un útil catalizador que permita lograr una sincronización, de modo que dirija los acontecimientos y las personas que necesitamos para que nuestras vidas funcionen. Rodéese de fotografías de lugares que le gustaría visitar en el futuro y estése atento a las coincidencias que se produzcan en el espacio de tiempo comprendido entre la colocación de la imagen y la realización del viaje.

SUPERIOR Los senderos representan nuestro viaje a lo largo de la vida, y por ello es mejor que describan una curva fluida en lugar de ser una línea recta con esquinas igualmente rectas, que sugieren cambios abruptos. Dispuestos a modo de losas individuales, los senderos reflejan nuestro progresivo movimiento hacia delante.

SUPERIOR *Las personas que no tienen pareja y desean encontrar una se sorprenden cuando descubren que han estado coleccionando imágenes de personas a lo largo de los años. Cuando no desee vivir en soledad, escoja obras en las que aparezcan parejas, sobre todo para el dormitorio.*

Si coloca obras abstractas allí donde desea claridad y atención, se sentirá fragmentado e incompleto. De forma similar, las personas que en ocasiones se sienten solas suelen rodearse de cuadros con paisajes escuetos poblados de figuras solitarias, cuando en realidad lo que tendrían que hacer es escoger paisajes alegres y dinámicos con grupos de personas en actitud jovial o romántica.

IZQUIERDA Los peces se asocian con la riqueza, y por lo general el feng shui aconseja colocar una pecera en la zona de dinero. El vínculo de unión es fuerte, por lo que si coloca unos peces de madera en esta zona del bagua también saldrá beneficiada su economía. Los números, además, tienen un significado especial; por tanto, evite colocar tres objetos en su rincón de relaciones: los triángulos son incómodos.

DERECHA Cuando desee cambiar de vida y encontrar un nuevo trabajo, pero no tiene idea de cuál puede ser, examine la zona de trabajo. Si está vacía, coloque un mapa que le ayude a guiarle en esta transición.

IZQUIERDA Los símbolos refuerzan sus intenciones, y puede conseguir que objetos muy preciados, como estos huevos con incrustaciones y el resto de adornos, se conviertan en potentes símbolos de fuerza. Cada vez que los mire recordará los objetivos o intenciones con los que se encuentran asociados.

AGUA

Muy pocas personas utilizan agua como elemento de interiorismo, excepto en cuartos de baño y cocinas, y sin embargo representa un maravilloso complemento en una casa. El agua implica importantes metáforas sobre las energías de la vida. Así, las profundidades ocultas constituyen una fuente de sabiduría, por lo que la observación detenida del agua proporciona la oportunidad de contemplar el significado más profundo de la vida. Tradicionalmente se creía que el agua tenía poderes sagrados y que fluía de la misma fuente de la vida espiritual, idea que se ha conservado a lo largo del tiempo en forma de energía nutritiva y sanadora.

El agua estimula y refresca la energía chi, por lo que es conveniente hacerla entrar en casa colocando una fuente o cascada de interior con una bomba en constante funcionamiento para que el agua circule. El sonido del agua en movimiento es de lo más relajante, pero debe ajustar el ritmo de forma que le resulte cómodo. Si produce un ruido similar al de un grifo que gotea, tal vez descubra que visita el cuarto de baño con más frecuencia de lo habitual.

La introducción de un elemento acuático constituye el método ideal para potenciar la energía de la zona de trabajo. Asimismo, puede emplearse en el exterior de la casa, en un rincón donde falte el bagua; por tanto, si la zona de Fortuna cae en el patio, instale un pequeño estanque o, al menos, una pila para pájaros. Debido a sus cualidades creadoras de vida, el agua está estrechamente asociada con el dinero; en consecuencia, un elemento acuático o una planta que necesite riego frecuente colocados en cualquier zona de dinero animarán su economía y suerte.

De las cinco energías, la del árbol resulta estimulada por el agua, por lo que las dos zonas del bagua asociadas con ellas, Antepasados (3) y Fortuna (4), también se beneficiarán del agua si desea potenciar esos aspectos de su vida.

DERECHA La razón por la que una pecera constituye un elemento poderoso no se debe sólo al agua, sino también al movimiento de los peces. Cuando éstos nadan, incrementan la estimulación de la energía.

PÁGINA SIGUIENTE El agua en movimiento proporciona un entorno contemplativo idóneo para el descanso, a la vez que constituye un poderoso elemento que reaviva la parte exterior de una casa que carece de zona de dinero. No obstante, de entre todos los lugares de una casa en los que es posible colocar un elemento acuático, evite las zonas de Sabiduría (8) y la Salud (5).

entra en una estancia. Para mitigar su influencia, evite colocar una silla cerca de un rincón o una columna cuadrada; no coloque una nevera o un armario grande de modo que restrinja el movimiento de la energía hacia la cocina; disponga en diagonal los muebles con los bordes más definidos y menos redondeados de forma que el lado plano dé a una puerta; oculte con volantes los bordes rectos de los estantes; tape los rincones con plantas y, por último, decántese por bordes redondeados siempre que sea posible. Si opta por una mesa de noche circular, por ejemplo, no puede proyectar un ángulo severo hacia la cama mientras duerme.

La arquitectura contemporánea, predominantemente geométrica, implica que vivimos en habitaciones cuadradas con esquinas, y es aquí donde el chi tiende a ser absorbido y presenta dificultades para salir. Una vez allí suele estancarse, fenómeno que incluso se agrava cuando las esquinas están desordenadas. Por ello, estése atento a lo que guarda en esas esquinas y disimule los rincones oscuros y poco sugerentes con unas plantas o una iluminación vertical, que realzan el chi. Cuando limpie la habitación, acabe de raíz con todos los rincones y recovecos. Si alguna vez tiene la oportunidad de crear un espacio con esquinas redondeadas, aprovéchela.

Las vigas en el techo también dificultan el flujo del chi en las estancias, además de crear una presión descendente. Un exceso de vigas oscuras puede hacer que un lugar resulte opresivo e incómodo, incluso si se trata de las vigas pintorescas y auténticas de una casa de campo de tres siglos de antigüedad. Si no es posible eliminarlas o taparlas, asegúrese de no colocar asientos o camas directamente debajo de ellas. Aunque el pasar breves espacios de tiempo bajo unas vigas no representa un problema, la presión es acumulativa y podría acabar por sufrir malestar o dolores de cabeza. Como contrapartida, haga ascender el chi mediante la colocación de plantas altas y robustas, una iluminación hacia el techo o símbolos de movimiento ascendente.

SUPERIOR *Cuando la persona que cocina no se encuentra orientada hacia la puerta, y por tanto no puede ver quién entra, es recomendable colocar una olla brillante sobre la cocina para poder controlar las entradas y salidas.*

IZQUIERDA *La mesa circular y el recipiente redondo en el centro ofrecen formas sugerentes que contribuyen a unir un grupo de personas. La colocación de nueve cuadros rectangulares en la pared cerca de estos dos elementos propiciará una conversación estructurada y práctica.*

PÁGINA ANTERIOR *El buen feng shui consiste en garantizar un flujo adecuado de chi en una casa. La luz y las formas redondeadas estimulan este flujo, mientras que los muebles que bloquean las entradas de las habitaciones o los pasillos lo dificultan. Mantenga despejados los pasos, y en el caso de un salón con muchos muebles, aumente la cantidad de luz natural.*

DERECHA Resulta importante que la cama esté bien situada, ya que en ella se pasa aproximadamente un tercio de la vida. La mejor opción consiste en contar con la protección de una pared sólida detrás de la cabecera y con una vista clara de la puerta. Sólo debe moverse la cama de esta posición si descubre líneas de alteración geopática o distorsiones de las líneas naturales de energía en la tierra (véase pág. 12) que crucen la cama. El tapiz de detrás de la cama y las mesas circulares cubiertas con una tela resultan excelentes para suavizar el entorno en el que se duerme.

La correcta ubicación del sofá, la cama, el escritorio y la cocina constituye el aspecto más importante en la colocación del mobiliario. La regla de oro es contar con una distribución que le permita obtener una vista clara y completa de la puerta, al tiempo que disponga de algún tipo de solidez a sus espaldas que le sirva de protección y apoyo. Cuando nos encontramos sentados o de pie de espaldas a una puerta, nunca sabemos cuándo se acerca alguien por detrás. Cuando alguien sorprende a una persona mientras trabaja en una cocina orientada a la puerta, la energía de la persona sorprendida se ve alterada momentáneamente, y esto se transfiere a la comida. Las comidas preparadas en ambientes tranquilos, por otro lado, resultan más nutritivas. De igual modo, el hecho de dormir de espaldas a la puerta puede ponerle nervioso, ya que en realidad nunca se sentirá centrado mientras duerme.

Encontrar el lugar adecuado para sentarse o dormir en una estancia equivale a encontrar el punto de poder, el lugar donde sienta que tiene más control. Este lugar no se encuentra en la línea directa que va desde la puerta que recibe el flujo más intenso del chi, ya que sería excesivo, sino que debe ser el espacio desde el que obtenga la vista más amplia de la estancia, pero que al mismo tiempo le permita ver la puerta principal. Sólo así puede relajarse de verdad.

PÁGINA ANTERIOR, INFERIOR Todos necesitamos rodearnos de cierta variedad para que nuestra vida no resulte monótona, siempre con la misma temperatura, iluminación, vistas y formas. En ese sentido, un invernadero incorporado a una casa aportará dos estilos bien definidos: la luminosidad en la estancia exterior y la parte más oscura en el interior de la casa. No obstante, los cambios no deben ser excesivamente espectaculares: de lo contrario, podría acabar con extremos de color y forma que crearían conflictos y alterarían los nervios. Esta hermosa estancia cuenta con la sombra de los árboles exteriores, así como de los arbustos de interior.

IZQUIERDA El sofá de este salón, más que el resto de sillones, invita a sentarse en él debido a que cuenta con la total protección de una pared detrás y con una buena vista de la puerta. En la parte izquierda se ha colocado un espejo, una buena opción para una zona del bagua ausente. Los espejos expanden energía y la equilibran en los casos en que la casa no es un cuadrado.

COLOR

El color es una manifestación de luz y energía que transforma el mundo y que, a través de nuestras propias percepciones del mismo, también puede transformar nuestras vidas. El empleo del color en la decoración de la casa permite jugar con las fuerzas de la luz y la oscuridad y manipularlas. Para ello necesitamos ambas fuerzas, ya que nuestros relojes biológicos están adaptados a sus ritmos, de forma que nos amoldamos constantemente a la cantidad de luz del día y a lo largo de todo el año. En consecuencia, descansamos durante la oscuridad de la noche y en invierno, y recibimos más estímulos y actividad durante el día y en primavera.

Dado que el color potencia nuestra experiencia de la luz y la oscuridad, podemos utilizarlo para crear un espacio tranquilo y relajante donde dormir, o bien una habitación alegre donde charlar o jugar. El color en una casa constituye una parte integrante de nuestras vidas ya que incide de lleno en nuestros comportamientos, pensamientos y sentimientos. Por ello, no es de extrañar que el color también esté asociado con propiedades emocionales, como estar rojo de ira o incluso tener una personalidad colorida. Existe una clara relación entre nuestra energía y la creada por el color en un ambiente. De hecho, cuanto mejor entendamos cómo funciona este fenómeno, antes podremos comenzar a utilizar el color para nuestro propio beneficio, creando espacios que ayuden a conseguir los objetivos marcados.

Se ha demostrado que crear el ambiente de una estancia es más importante que limitarse simplemente a distribuirla según su función. En la actualidad, las estancias cada vez se diseñan menos con vistas a su empleo como comedor o salón donde ver la televisión, sino que, en su lugar, se crean espacios donde reunirse con la familia, rincones que favorezcan la conversación, la relajación o la concentración. El color constituye una potente herramienta a la hora de conseguir todo esto, de ahí que ejerza un gran efecto en la naturaleza de una estancia, como la forma y la distribución de los muebles. Es precisamente el color el que determina el ambiente global de una estancia, así como el comportamiento de la energía presente en ella. Esto, a su vez, tiene un efecto directo en nuestra propia energía, así como en la intensidad de vivencia de ese espacio.

Verde

El verde es el color de la naturaleza y el crecimiento, y dado que se encuentra en el centro del espectro cromático, induce sentimientos de armonía y paz. Calma el espíritu, tranquiliza los nervios y reafirma a las personas. Gracias a su carácter equilibrador, el verde es un color muy adaptable y puede emplearse en cualquier contexto, excepto en aquellos espacios donde se necesite estimular la actividad, como por ejemplo en las zonas de trabajo. Al mismo tiempo, sus propiedades relajantes y su naturaleza sencilla lo hacen sumamente adecuado en dormitorios. Sin embargo, su asociación con el dinero y la abundancia significa que también puede emplearse en aquellos casos en que se requiera estimular el rincón de la Fortuna (4). Añada toques de verde, tal vez en forma de plantas, como marco alrededor de un espejo o un mantel.

SUPERIOR El verde es un color relajante, pero al asociarse también con la energía del árbol representa a un mismo tiempo la vegetación nueva, el crecimiento. Combine este potencial con rayas, que también poseen una energía dinámica y ascendente, y creará un espacio vivo donde sentarse. El cojín naranja añade una afirmación audaz y hace que la estancia resulte más adecuada para una reunión animada.

IZQUIERDA Las cualidades curativas del verde hacen de este rincón un lugar de lo más rico y regenerador gracias a la profusión de plantas que aportan sombra. El color azul del asiento se suma al carácter equilibrado de la estancia, de modo que el resultado es un espacio ideal donde sentarse tranquilamente en cualquier momento del día y sentirse animado y renovado.

EXTREMO SUPERIOR Las flores verdes y blancas representan la energía del árbol, que realza la naturaleza de fuego de la pared. Esa energía está equilibrada con las formas de tierra rectangulares del cuadro y la mesa.

SUPERIOR Un ambiente equilibrado con las cualidades receptoras de la tierra que irradian la forma baja del sofá y el color de las paredes.

Rojo

El rojo no abunda en la naturaleza; por tanto, siga este ejemplo y utilícelo con cierta reserva en su casa. Se trata de un color de extraordinaria fuerza que atrae nuestra atención. Es el primer color que ven nuestros ojos, de ahí que se utilice para detener a los coches en los semáforos y en las señales de tráfico. Sin embargo, no es un color adecuado para un dormitorio. Se sabe que incrementa el ritmo cardíaco, por lo que un toque de rojo puede inspirar pasión; en cambio, un exceso empuja hacia la violencia. Tampoco resulta adecuado en un comedor, aunque la conversación será de lo más animada. Resulta excesivamente fuerte para la mayoría de interiores, pero es ideal para fiestas y cuartos de juego; además, es perfecto en forma de toque ligero para llamar la atención y estimular el flujo de chi. Por otro lado, es capaz de crear un ambiente de lo más llamativo e incrementar la energía de fuego en la zona de Iluminación (9).

Púrpura

El púrpura es un color artístico asociado con la introspección y la meditación, la claridad, los rituales, la dignidad y el sentido de la oportunidad. Un tono oscuro crea un ambiente muy tranquilo en los dormitorios y añade grandeza a los salones. Por el contrario, el púrpura vivo, con una considerable cantidad de rojo, se relaciona con la energía del fuego y la reputación. Es un color muy majestuoso y puede emplearse para crear ambientes de extremada grandeza, impresionantes. Se asocia con la espiritualidad: un tono de este color resulta ideal en un refugio o rincón dedicado a la meditación. Es muy adecuado para dominar la conducta antisocial.

Rosa

El rosa es un tono más relajante que el rojo, y es adecuado para dormitorios debido a su naturaleza femenina y nutritiva. De igual modo, sus cualidades curativas lo convierten en un color idóneo para los niños y los convalecientes, y sirve de apoyo a los divorciados. A la vez, posee cualidades sedantes, por lo que resulta muy apropiado en aquellos lugares en que se desee que reine la serenidad, así como en los dormitorios de personas que tengan dificultades en conciliar el sueño. Es un color muy agradable que elimina el mal humor y crea un ambiente de comprensión.

Naranja

El naranja es un color vibrante que se relaciona con la salud y la vitalidad. Se ha desarrollado a partir del fuego del rojo hacia un tono más terroso. También se asocia con el entusiasmo y el optimismo, y se trata de un color muy acogedor en las entradas; sin embargo, debido a su carácter un tanto extravagante, debe sentir que encaja con su personalidad, porque de lo contrario resultará bastante agobiante. Ideal para estancias orientadas al norte que necesitan calor, también se trata de una acertada elección para espacios en los que se necesite estimular la conversación.

Amarillo

El amarillo representa el poder del sol creador de vida, y como color estimulante se asocia con la longevidad, la alegría y la inteligencia. Si necesita estimular o centrar la mente, siéntese frente a algo amarillo mientras piensa. Éste es el color de la energía terrestre, cuya naturaleza es de unión, característica que lo convierte en un buen color para las estancias familiares y los comedores, aunque debe utilizarse con precaución en los espacios reducidos, ya que puede resultar demasiado intenso. No es una buena elección para los dormitorios.

SUPERIOR Los tonos rojos de las flores resultan impulsivos y revitalizantes. Dado que estimulan a las personas y hacen que éstas se sientan renovadas, este arreglo resultaría adecuado en un dormitorio, para contemplarlo al despertar, o en un recibidor. En cambio, no sería apropiado en una sala de lectura o en un ambiente de meditación, ya que resulta demasiado estimulante.

PÁGINA ANTERIOR, DERECHA Las persianas de color naranja proporcionan una buena sombra contra el exceso de luz e impiden que la energía salga de la estancia. El color es extremadamente vivo, por lo que éste sería un lugar ideal para mantener conversaciones estimulantes e intelectuales. Las personas se sentirán atraídas hacia este espacio debido a la naturaleza unificadora del amarillo y el naranja. Los otros colores vivos de la vajilla consiguen crear un lugar vibrante para comer, aunque el uso diario podría llegar a cansar a algunas personas.

Marrón

Un toque de marrón ejerce un efecto estabilizador, ya que refuerza la conexión con el mundo natural al recordarnos nuestras raíces. Está poderosamente asociado con el otoño, y tal vez no sea una buena elección para las personas de mayor edad. Puede hacer que un espacio parezca muy usado, ya que los objetos tienden a tornarse marrones con el tiempo. Dependiendo del grado de amarillo y rojo que contenga, el marrón puede ser vibrante o turbio.

Blanco

En nuestra cultura, el blanco representa la inocencia y la pureza. Al carecer de color, proporciona un gran telón de fondo, ya que dirige la atención hacia otras cosas, como por ejemplo los cuadros de una pared. En un entorno severo y monocromático, sin color, el punto focal se centra en las personas que ocupan la estancia, ellas son quienes proporcionan el color y la energía. El blanco, de este modo, consigue que todos los objetos resalten más. No obstante, aunque es útil para algunas situaciones (las de ocio, por ejemplo), los espacios decorados con blanco resultan incómodos. El blanco puro es adecuado para recorrer un espacio como un vestíbulo o un pasillo; los blancos hueso y crema crean ambientes más cómodos y habitables.

Gris

Se trata de un color ambiguo que está asociado con la transición. Posee las propiedades del negro y el blanco, pero no es ninguno de los dos. Puede considerarse un color de compromiso y armonía, o bien como un tono sombrío relacionado con la depresión. En cualquier caso, será la elección personal la que determine si constituye un fondo neutro ideal para cualquier estancia o se trata, por el contrario, de un color triste. Si elige este color para la decoración, debe mantenerlo en buen estado.

Negro

El negro absorbe el resto de colores y crea una sensación de profundidad. Si se emplea con inteligencia puede dar lugar a un ambiente muy severo e impresionante, o bien como fondo elegante para otros colores. El exceso de negro utilizado de forma poco adecuada puede transmitir una sensación de tristeza y desánimo, incluso depresión. Es un color misterioso, fascinante e independiente. Así, si en algunas culturas es el color del luto y puede resultar muy incómodo y deprimente, en otros pueblos se considera mágico y atractivo. Puede emplearse para crear fondos llamativos, aunque resulta del todo inadecuado para las habitaciones infantiles, los comedores y los espacios asociados con la curación.

Azul

Representante de la energía del agua, el azul se asocia con la introspección, la tranquilidad y la serenidad. Se sabe que reduce la inflamación e induce al sueño, por lo que resulta ideal en dormitorios, sobre todo con la adición de algunos toques cálidos de melocotón y rojo que reduzcan su efecto frío. De igual modo, reduce la tensión y el estrés, razón por la que resulta adecuado para lugares o situaciones de conflicto, como oficinas, o en estancias donde hayan tenido lugar discusiones. Es importante recordar que cada persona experimenta una reacción individual ante el color, de forma que para las personas con poca energía un exceso de azul les provocará tristeza; por tanto, evítelo como color relajante para las personas con tendencia a la melancolía.

SUPERIOR La elección inusual de negro en la pared transforma esta zona en un impresionante fondo para una colección de grabados. El resultado es una presentación formal y llamativa, aunque sería un lugar muy incómodo para relajarse o comer.

IZQUIERDA Los colores blanco y crudo de esta habitación crean un ambiente extremadamente fresco y relajante. La posible severidad se ha compensado con el blanco hueso de las paredes y con los tonos naturales de los marcos de madera de la cama y los cuadros.

DERECHA El azul de este dormitorio crea una estancia fría, pero el suelo de madera clara es cálido y su energía de árbol absorbe el exceso de agua creado por el azul. Las flores naranjas añaden un toque vibrante a la sobria decoración.

SUPERIOR Las curvas forman un bello contraste con el suelo de baldosas cuadradas. La espiral ayuda a la energía a subir y bajar, mientras que el diseño del suelo proporciona una sólida base donde recibir a las personas que bajan las escaleras.

SUPERIOR DERECHA Las mesas redondas aportan puntos focales a las estancias, y las curvas —en lugar de los rígidos ángulos rectos— son más relajantes para las personas que se sientan a su alrededor.

DERECHA La curva al final de estas escaleras facilita el flujo suave del chi de vuelta al vestíbulo e invita a subir.

FORMA

El feng shui es el lenguaje de los símbolos, y los maestros del feng shui clásico interpretaban el significado de las formas presentes en su entorno. Por lo general, asignaban arquetipos animales a los contornos existentes en un lugar; buscaban la protección de la tierra que se alzaba tras sus casas como si de la concha protectora de una tortuga se tratase, y la benevolencia de la colina en el este, que imitaba la forma de un poderoso dragón. La idea era contrarrestar la energía que emanaba del entorno mediante la realización de ajustes en la forma del interior y en la colocación de los muebles.

Con el tiempo nos convertimos en reflejo de nuestro entorno. Constantemente respondemos a las formas que nos rodean, tanto de manera consciente como inconsciente. Todo produce un efecto en nosotros, y la fuerza más poderosa para moldear nuestras vidas es la forma de los lugares en que vivimos. Los edificios irregulares darán lugar a vidas disyuntivas e inusuales, mientras que los entornos armoniosos, por el contrario, siempre ayudarán a sentirse vivo, sano y equilibrado.

Las casas en forma de L están desequilibradas porque les falta algo, y esto se reflejará en la vida de sus inquilinos. Si, por ejemplo, el dormitorio principal está en el ala que queda por fuera de la puerta principal, es muy probable que la unidad de la familia se encuentre en peligro. La localización de la cocina en este punto significará que la energía para comer está fuera de la casa, y sus ocupantes cenarán en restaurantes con más frecuencia. La forma de la casa debe ser completa, y es posible conseguirla mediante la colocación de plantas y luces en el exterior con el fin de añadir energía a la zona que falta.

Las casas en forma de U crean un hueco, por lo general en la zona de trabajo. Si se muda a una casa con esta deficiencia, es probable que pierda el trabajo, o al menos puede que tenga que hacer frente a grandes problemas. De todos modos, es posible estabilizar una casa si se realza la zona exterior con luces, plantas y objetos pesados, como estatuas o urnas, que le otorguen tanta presencia como el interior. En cualquier caso, se trata de recuperar el espacio. El mundo está dominado por rectángulos y líneas rectas, que constituyen el modo más eficaz de unir dos lugares. Los pasillos largos y estrechos nos llevan de A a B con la mayor rapidez posible, y los rincones crean cambios abruptos de dirección. El flujo de energía se acelera, y nuestras vidas se mueven también con mayor rapidez. En contraste, la naturaleza se mueve más lentamente en curvas y espirales, y a medida que pasamos por la vida aprendemos a disfrutar del viaje en sí mismo y no tanto del hecho de llegar. Las escaleras curvadas nos muestran el camino que hay que seguir, pero siempre persiste el misterio de saber cómo serán allí las cosas.

Los edificios rectangulares no reflejan el cuerpo o el movimiento humano, por lo que nuestra energía no fluye a gusto; tan sólo son adecuados para las máquinas y el pensamiento mecanicista. Aunque, de hecho, todos acabamos viviendo en «cajas» cuadradas porque resultan más fáciles y baratas de construir en serie, ya que sus ángulos pronunciados se prestan perfec-

SUPERIOR La forma afecta a las relaciones. Una mesa redonda es ideal para que un pequeño grupo se una y genere ideas y conversaciones creativas, aunque los círculos hacen girar la energía y es probable que las reuniones en estos casos sean más cortas. Las mesas cuadradas, por el contrario, son más adecuadas para conversaciones sobre temas prácticos y para discutir sobre detalles. La forma es más nutritiva y mantendrá la energía del grupo por más tiempo. La redondez de esta mesa une a las personas y estimula la conversación en grupo, mientras que su forma básica rectangular se presta a albergar conversaciones separadas.

tamente a la construcción con máquinas. El peor «escenario» es el que aparece cuando creamos entornos artificiales en enormes edificios urbanos de muchas plantas, pensando que constituyen el único modo de sobrevivir. Sin embargo, al estar tan alejados de la naturaleza y el paisaje, incapaces incluso de ver el suelo, no podemos conectar con los ciclos naturales de cambio. A medida que nos desconectamos cada vez más del mundo natural, comenzamos a sentirnos alienados. Es por ello que nuestros instintos buscan corregir el desequilibrio suavizando los entornos severos con curvas: un arco en una ventana, techos con molduras, estantes empotrados en los rincones y zócalos que adornan el encuentro entre el suelo y la pared. El carácter cuadrado y cerrado de una estancia puede moderarse abriendo un nuevo espacio para la chimenea o rellenando un nicho con estantes. Los rectángulos son adecuados para el almacenamiento, ya que contribuyen a crear orden debido a su disciplina y estructura. Lógicamente, representan la organización y la funcionalidad.

Las curvas y los círculos, por el contrario, poseen la energía de la creatividad y son creadores de vida. Resultan fluidos y orgánicos, y estimulan la sociabilidad. No obstante, un entorno equilibrado y sano combina las dos energías y formas, rectangulares y circulares. Una vez se logre entender la función de cada una de ellas, se pueden crear espacios más efectivos mediante la combinación adecuada entre creatividad y organización funcional.

Las curvas y las líneas poseen energías diferentes. Las formas circulares son dinámicas, creativas y energéticas, ya que transmiten movimiento y simbolizan el mundo natural y los ciclos de la naturaleza. Los rectángulos, en cambio, tienden a presentar ángulos pronunciados y líneas rectas, que aceleran el movimiento de la energía e implican rigidez y firmeza: no obstante, también simbolizan la organización, la funcionalidad y la resistencia.

IZQUIERDA Tanto si lo observamos de manera consciente como si no, el modo en que una forma termina también influye en nosotros. Los bordes moldeados de esta mesa triangular curvada la hacen parecer mucho más delicada. Los ángulos rectos de las sillas están minimizados por la lámpara y los bordes arqueados del aparador.

EXTREMO IZQUIERDA Los cuadrados y los rectángulos representan la necesidad humana de orden y equilibrio. Una combinación de cuadrados y círculos constituye una metáfora del equilibrio entre el cielo y la tierra. Aquí, los rectángulos del espejo y las paredes embaldosadas compensan los lavamanos redondeados, las lámparas y las conchas .

EXTREMO INFERIOR IZQUIERDA Introduzca curvas y delicadeza en un espacio, como se ha hecho con estas puertas, que convierten una estancia incómoda en un lugar más relajante.

DERECHA Parte del encanto de una casa antigua tradicional radica en que las líneas no son completamente rectas, a diferencia de las casas modernas, donde las formas arquitectónicas son muy limitadas. No obstante, a medida que incorporamos nuevos elementos contribuimos a interrumpir las líneas.

ESTUDIO

DE CASOS

La puerta principal ofrece un mensaje contundente al mundo exterior sobre nuestra identidad. Las proporciones clásicas de esta entrada la hacen impresionante y majestuosa. Las columnas, las plantas y las lámparas, todo en pares conjuntados y a cada lado de la puerta, crean una fuerte sensación de equilibrio que, a su vez, sugiere que los inquilinos son personas responsables y estables. A su vez, el amarillo vivo refleja un ambiente doméstico feliz y divertido.

La entrada influye en nuestros sentimientos y pensamientos cada vez que la traspasamos, ya sea para acceder a nuestra casa o para salir al mundo exterior: la altura de las columnas de este ejemplo crean una sensación que eleva el espíritu de todos los que pasen entre ellas. Por otro lado, los inconvenientes que encuentre cuando entre en casa se repetirán en su vida: en este caso, la vasija de la entrada es demasiado grande. Cambiándola de lugar se lograría que el vestíbulo resultase más abierto y receptivo, además de ejercer un efecto positivo en la vida de la familia que habita en la casa.

Si hay varias puertas que partan del vestíbulo, deje abierta únicamente la que da acceso al salón principal. La estancia que se ve desde la puerta influye en todo el que franquee esta última.

ENTRADAS, VESTÍBULOS Y ESCALERAS

Las entradas comunican el mundo exterior e interior de una casa, y expresan cómo nos relacionamos con la sociedad. Cuanto más acogedora sea la entrada, con mayor facilidad fluirán la energía, las personas, los recursos y las oportunidades en nuestra vida.

Las entradas son las puertas de acceso de la energía chi a nuestra casa, por lo que deben estar libres de obstrucciones. Es importante que la entrada resulte visible, sobre todo si está a un lado de la casa y queda oculta desde la calle. Además, debe estar claramente delimitada, ya sea con plantas, o con estatuas y ornamentos, y bien iluminada. Cuantas más dificultades hallen las personas para encontrar su puerta, más difícil será que la suerte llame a ella.

La puerta principal constituye el punto de apoyo para la localización del bagua; es la fuente de energía chi de un edificio, del mismo modo que la boca es la puerta de entrada de los alimentos en nuestro cuerpo. Si un árbol bloquea la entrada o el sendero principal, actúa como una barrera que impedirá que en su vida aparezcan nuevas personas. Si la entrada es pequeña y estrecha, o da directamente a una pared, necesita atraer más chi a la casa. Asegúrese de que la puerta se abre por completo, ya que los obstáculos reducen el flujo de chi. Si se ve obligado a empujar la puerta porque se ha combado o se atasca en una alfombra o moqueta, su trayectoria vital no le resultará sencilla. Si no ve claro el futuro, compruebe que el exterior de la casa dispone de buena iluminación y que ésta funciona. En ocasiones, arreglar un timbre estropeado es suficiente para propiciar la aparición de ofertas de trabajo o una vida social más activa mediante la estimulación de la zona de amigos útiles.

Si vive en un piso, la puerta principal será interior, pero los pasillos o los rellanos y la entrada principal compartidos también ejercerán una gran influencia. Por ello, asegúrese de que la zona que se extiende en la parte exterior de la puerta esté bien iluminada y decorada.

Los vestíbulos también crean un espacio de transición, y deben estar libres de objetos que distraigan la atención con el fin de que la transición del exterior al interior sea lo más fluida posible. El orden no sólo dará una primera impresión más satisfactoria, sino que además permitirá un mejor flujo de chi. De forma similar, resulta conveniente disponer de un espacio en la entrada para dejar los zapatos, ya que con este gesto mantendrá la energía del mundo exterior alejada del refugio del mundo interior.

La entrada se ha destacado y se ha hecho más visible con una par de arbolitos y arbustos. Un felpudo ante la puerta principal es otro de los elementos que contribuyen a definir una entrada. El hecho de pasar entre las plantas cada día hará que las personas se sientan más positivas y animadas. Asimismo, las plantas proporcionan protección energética contra los ruidos, la contaminación y el tráfico del bullicioso vecindario urbano.

La puerta cuenta con una gran aldaba, un elemento positivo, pero carece de alguna manija o pomo donde agarrarse cuando se abre o se cierra la puerta. Ofrece un aspecto sólido y pesado, y por tanto necesita un pomo de las mismas características, cuya colocación proporcionará firmeza y seguridad a quien franquee la puerta.

Para mantener fuera de la vista la zona descuidada que se extiende más allá de la puerta se ha instalado una celosía de jardín, en la que se presta colocar alguna hiedra u otra planta trepadora.

También se pueden realizar ajustes en el interior de la entrada para reforzar posibles cambios de trabajo o ascensos. Las imágenes con agua en movimiento resultan muy adecuadas, aunque también se podrían incluir símbolos específicos asociados con la curación. Un tablón de anuncios con invitaciones y otras informaciones sobre el nuevo trabajo también resultan de gran ayuda, al igual que una planta sobre un estante.

Después

Antes

La propietaria de esta casa pareada de tres plantas se ha mudado aquí recientemente. Antes vivía en un piso de dos habitaciones con su marido y sus dos hijos, un niño de nueve años y un bebé. No disfruta con su actual trabajo, relacionado con el mundo de las leyes, por lo que está pensando en cambiar de actividad, aunque todavía no está segura sobre la naturaleza de su futuro trabajo. Le interesan los temas relacionados con la salud, y una de las opciones posibles es la homeopatía. Al mismo tiempo, es aficionada a la escritura creativa, y tal vez le gustaría combinar esta actividad con su nueva carrera escribiendo sobre el mundo de la salud. Dado que su principal preocupación es planificar esa nueva actividad, la entrada, que cae en la zona de Viaje (1) de la casa, constituye el foco principal del que partir.

Esta casa de cuatro dormitorios se encuentra en una calle muy transitada; por ello, el hecho de que la puerta principal se encuentre a un lado aporta a la casa una mayor protección. Es importante que la entrada sea visible, sobre todo si se halla a un lado de la casa y oculta desde la calle. Las entradas deben estar bien iluminadas y claramente definidas con algunas plantas o estatuas, como perros leones chinos (tal como aconsejan los libros tradicionales sobre feng shui), aunque cualquier animal que a su juicio implique protección será adecuado. Al colocar estos animales en la entrada incrementará la sensación de seguridad, y cuando lo haga debe hacerlo con una clara intención de conseguir los resultados deseados. Esta entrada queda bastante oculta, pero cuenta con lámparas de exterior a cada lado de la puerta.

La aproximación a la puerta desde la verja descubre tres cubos de basura. Las primeras impresiones son muy importantes, por lo que no resulta aconsejable tener la basura como único elemento de este patio. Además, la cualidad nutritiva de la energía chi que fluye hacia la casa se ha visto afectada de forma negativa al pasar junto a la basura. El objetivo es que el chi que entre en la casa sea lo más sano e intenso posible. Esto implica también una cuidada elección de la luz y el color, y la vidriera de colores sobre la puerta constituye un maravilloso modo de dar paso a una energía colorida y estimulante.

Los cambios en el vestíbulo ejercen una influencia positiva en toda la casa, ya que todos tienen que pasar por esta zona. El mayor impacto se producirá en el trabajo de la propietaria, ya que se centró en este aspecto de su vida, aunque también se producirá un impacto positivo en el marido. De hecho, si éste deseese realizar cambios en su trabajo, podría añadirse alguna obra de arte centrada en su futuro, o bien limitarse a participar en la elección de la obra de forma que así tuviese significado también para él.

La puerta principal deja pasar mucha luz gracias a la ventana con arco y a las vidrieras de colores.

En la ventana resulta inadecuado colocar adornos de animales de aspecto salvaje, sobre todo en estantes de cristal. Lo más aconsejable es quitarlos de la entrada para que simbólicamente no impidan la entrada a las personas.

Además de estimular la energía que falta, las botellas y los jarrones de cristal de colores producen una primera impresión muy viva, y su brillo aporta una energía ligera que eleva el espíritu al subir la escalera. El cristal de los estantes y las botellas, realizado con arena, representa la energía de la tierra, que estimula la energía de Sabiduría (8) que falta, de forma que contribuye decisivamente en la búsqueda de paz mental. Esta misma sabiduría puede realzarse colgando un cristal redondo tallado junto a la ventana, al final de las escaleras.

Se ha sustituido la poinsetia de la mesa por un grupo de jacintos azules, ya que este color, sinónimo de agua, estimula la casa del Viaje (1). Asimismo, unas plantas azules han sustituido las flores secas de la ventana.

Antes

La propietaria de esa casa pareada está casada y tiene tres hijos menores de doce años. Se trata de una casa familiar cuadrada, con la excepción de una sección que falta en la zona de Sabiduría (8), que cae hacia la izquierda de la puerta principal, en el garaje, zona que no puede incluirse en el bagua porque no es vivienda.

La propietaria es una ama de casa a la que le gustaría volver a trabajar a tiempo parcial. No está segura de lo que quiere hacer, y está considerando la posibilidad de asistir a algún curso. Se siente muy creativa, pero no tiene muchas oportunidades de expresarse a pesar de que disfruta haciendo cortinas y pintando muebles para decorar su casa. No duerme bien, por lo que siempre se siente cansada y no puede aprovechar el tiempo al máximo. Su prioridad es prestar apoyo emocional a su familia, aunque esto en ocasiones significa que tiene menos tiempo para sí misma. Le gustaría disponer de algunos momentos de soledad, y tanto ella como su marido sienten que no disponen de esos momentos en sus vidas. Los principales puntos que deben trabajar, por tanto, son las casas del Viaje (1), la Sabiduría (8) y la Creatividad (7).

Aquello que las personas ven en primer lugar cuando entran en una casa influirá en su experiencia. Encontrarse de cara con una pared lisa seguida de una zona abierta o un pasillo es una opción más acertada que dar con la vista parcial de una pared. Unas flores en un estante o una mesita en media luna resultan de lo más acogedoras. La entrada de este ejemplo es amplia, y existe un gran pasillo abierto con un aparador y algunos adornos al final. En la actualidad, sin embargo, tiende a estar desordenado. La escalera, a la izquierda del vestíbulo, presenta una barandilla con una hermosa curva en la parte inferior, pero suele estar tapada con abrigos. Con tres niños en la casa, se producen muchas entradas y salidas por la puerta principal, de modo que no es de extrañar que el desorden se acumule rápidamente.

La entrada cae en el Viaje, la zona de trabajo de esta casa, por lo que se trata de una estancia adecuada para convertirse en el punto de partida de este cambio, dado a que todo lo que suceda aquí tendrá consecuencias posteriores. Por el contrario, todo aquello que bloquee esta parte de la casa ejercerá un efecto negativo en la búsqueda de una nueva actividad por parte de la propietaria.

Después

Lo primero que se ve cuando se abre la puerta es un gran aparador al final del pasillo, frente a la puerta principal. Este mueble resulta perfecto para dejar el correo, las llaves, las compras y todo aquello que deba subirse al piso superior. La limpieza regular de estos puntos de desorden es esencial: no sólo resultan poco atractivos, sobre todo porque el mueble es lo primero que se ve cuando se accede a la casa, sino que además provocarían un estancamiento de energía.

Los estilizados adornos sobre el mueble se han sustituido por otros más sólidos: los marcos cuadrados junto a algunas macetas con plantas constituyen un conjunto que aporta una mayor sensación de estabilidad.

En el pasillo había una silla que se utilizaba para dejar abrigos y bufandas, y en la que nadie se sentaba nunca, de forma que estaba creando un bloqueo innecesario, por lo que se ha retirado: el objetivo consiste en dejar que la energía fluya con la mayor libertad posible para que penetre en la casa y en la vida de sus inquilinos.

La pared de la derecha de la puerta estaba vacía, y cae en la parte de Creatividad (7) de la entrada, de ahí que constituya un espacio ideal para colocar una imagen que refuerce la búsqueda de una nueva actividad. Dado que la propietaria no está segura de lo que quiere hacer y no puede elegir una imagen simbólica específica de su futura actividad, un cuadro en el que aparezca agua en movimiento o cualquier mapa decorativo le ayudará a encontrar el camino.

Una alfombra de un rojo vivo provoca una oleada de energía cuando se la observa. De ahí que se haya colocado en el suelo con el fin de estimular todavía más la carrera de la propietaria.

Después

Antes

La zona de Sabiduría (8) no está presente en la casa, lo cual afecta a la paz mental de las personas que la habitan y, en el caso de la propietaria, le impide saber qué actividad le conviene más. Es evidente que necesita energía, por lo que se ha colocado un espejo en la pared al final de las escaleras, el mismo que antes se encontraba encima del aparador.

Este espejo expandirá el espacio y hará que parezca que la zona de la casa que falta esté realmente.

Al mismo tiempo, el espejo convexo que sustituye al ovalado al final del pasillo crea flexibilidad y dirección, y permite ver a ambos lados de la esquina de la caja de la escalera.

CONSEJOS PARA ENTRADAS Y VESTÍBULOS

• Marque su territorio y delimite la entrada claramente para diferenciarla del resto de las puertas de la calle: con luces, cestas colgantes o árboles, y con el nombre y el número claros.

• Si la casa tiene número, asegúrese de que los dígitos están hacia arriba ligeramente inclinados de izquierda a derecha, ya que el centro de nuestro futuro se encuentra en la derecha del marco.

• Imponga usted mismo las sensaciones que quiera que emanen de su casa. Utilice espejos y cuadros positivos con gran perspectiva.

• Mantenga ordenados y sin obstáculos los vestíbulos y los pasillos, ya que el desorden ejercerá un impacto negativo cada vez que entre en casa. Mantenga el correo al día.

• No abrume a las visitas con piezas de arte difíciles y un exceso de decoración. Resulta aconsejable que las alfombras sean lisas o con un estampado pequeño.

• Si los vestíbulos y los pasillos son muy largos, el chi debe frenarse. Interrumpa una vista desde la parte anterior de la casa hasta la posterior con un móvil, con macetas pequeñas y redondeadas en el suelo o con motivos pintados en la pared para así distraer la atención; el estarcido de una enredadera posee movimiento y producirá el mismo efecto.

• No ofrezca al chi formas fáciles de escapar: las escaleras redondeadas en la parte inferior harán volver la energía hacia atrás. También puede recurrir a un espejo o un objeto brillante detrás de la puerta principal.

IZQUIERDA El vestíbulo es el espacio donde se toma el primer contacto con la casa, de ahí su importancia. Este rico arreglo floral ofrece una bienvenida positiva y refleja la hospitalidad del anfitrión. El amarillo vivo de las paredes resulta adecuado para reunir energía, y la mesa de esquinas redondeadas le facilita un movimiento fluido. Los cuadros en la escalera contribuyen a desplazar la energía hacia arriba.

IZQUIERDA Marcar los límites de la puerta con claridad siempre resulta beneficioso, y aquí se ha conseguido con gran belleza mediante el empleo de vasijas, árboles y hierros de limpiabotas, todo de dos en dos, ya que la simetría siempre añade ritmo y equilibrio. Cuando existe una vista extensa desde la puerta o la ventana, nuestra atención tiende a perderse en el horizonte y la energía se difumina. La estatua en el jardín devuelve la atención al primer plano y proporciona a los moradores una sensación de claridad y firmeza.

SUPERIOR Mantenga los vestíbulos y los pasillos libres de obstáculos para permitir así el máximo flujo de energía. La hermosa pared curvada de este vestíbulo proporciona un paso suave para la energía. Además, la zona resulta más acogedora gracias a la planta que se ha colocado sobre una pequeña mesa redonda.

IZQUIERDA Los accesorios de puerta brillantes favorecen la entrada de más chi en la casa y la protegen contra la influencia negativa.

SALONES

Los salones actuales constituyen el lugar más concurrido de la casa y el centro de la vida familiar, el espacio donde nos reunimos y recibimos a las visitas. Deben ser espacios cómodos, bien iluminados, en los que podamos lucir con orgullo nuestros muebles y objetos favoritos.

Mientras que en el pasado recibía diferentes nombres y se destinaba a funciones diversas, el salón actual es multifuncional. Representa el principal punto de reunión en el que recibimos a las visitas, pero también constituye la zona de la casa en la que nos relajamos, vemos la televisión, charlamos o leemos. El espacio debe distribuirse de modo que sirva para todos estos usos, y debe ser acogedor (no excesivamente formal) y cómodo. Se trata de la parte más «pública» de la casa, y debe estar más cerca de la entrada principal que de la cocina (y de los dormitorios, en el caso de un piso). Es importante que la distribución del mobiliario y el esquema cromático elegido consigan que la estancia resulte acogedora.

Cuando disponga los asientos, coloque los sillones y los sofás ligeramente en ángulo, de forma similar a los lados del octágono del bagua; colocados frente a frente crean un ambiente más formal. Resulta aconsejable no colocar los asientos de manera que los respaldos den a la puerta, y es importante asegurarse de que el sillón del anfitrión se encuentre en posición destacada, de cara a la puerta y con la protección de una pared por detrás. Las visitas, en cambio, pueden ocupar asientos con espacios más abiertos por detrás. Los grupos de sillones dispuestos frente a un televisor harán que éste domine la estancia, lo que dificultará gravemente la comunicación. Por ello mismo, resulta preferible disponerlos alrededor de un hogar. Así las chimeneas crean el punto focal ideal en una estancia, y gracias a su calidez constituyen una vista de lo más acogedora. Si la estancia es demasiado cálida y dificulta el descanso, es posible reducir la intensidad colocando un espejo sobre la repisa de la chimenea, con plantas a ambos lados. Para crear un equilibrio, coloque pares de objetos en la repisa.

El salón es el lugar más adecuado para lucir objetos de arte y antigüedades. No obstante, asegúrese de que elige bien, de que realmente le gustan las piezas, que deben ser fieles reflejos de su personalidad, ya que todo aquello que elija aportará claves sobre su carácter y aspiraciones. Además, tendrá que verlas cada día.

Distribuya los muebles de modo que facilite el flujo de energía, por lo que debe evitar un exceso de mesas y objetos. En esta estancia la energía se reúne y después se dispersa por toda la casa y la familia, de ahí que sea imprescindible mantenerla en todo momento viva y limpia, con plena libertad de movimientos. Las ventanas con vistas resultan muy atractivas, pero el exceso de aberturas hará que se pierda demasiada energía y la estancia parecerá menos nutritiva.

Cuando disponga de vistas extensas y espléndidas a través de las ventanas, añada plantas en los alféizares con el fin de devolver el punto focal a la habitación; de lo contrario, la energía se dispersará inútilmente. Además, las plantas junto a las ventanas también actúan como una poderosa protección contra las influencias negativas del exterior: árboles cercanos, farolas y calles muy transitadas, por ejemplo. En este salón, el arbusto trepador del patio, junto a la puerta, mantiene el punto focal en primer plano, al tiempo que no impide disfrutar de las vistas del jardín.

El hecho de poder variar de cantidad de luz que entra en la estancia resulta de gran ayuda, ya que las necesidades de energía de un salón varían según los diferentes usos. Las persianas y las cortinas finas y ribeteadas aportan flexibilidad con la cantidad adecuada de luz al tiempo que suavizan las líneas, que de otro modo resultarían duras.

Los aparatos eléctricos tienden a atraer nuestra atención y la energía de manera bastante insistente. Por ello, es preciso que establezca una distinción clara entre el punto focal de la estancia y la televisión. Es más, intente ocultar dicho aparato dentro de un mueble o con una pantalla. En cualquier caso, no permita que el televisor domine el entorno. Si no dispone de chimenea, disponga los sillones y sofás alrededor de una mesa central como ésta, con un gran arreglo floral.

Este salón es el resultado de unir dos estancias más pequeñas, y en consecuencia está dividido por una viga que se ha convertido en el centro de atención, ya que afecta a la zona de los sillones. El sofá estaba demasiado cerca de la viga, por lo que las personas sentadas allí se veían afectadas negativamente por una presión descendente de energía. Además, la zona entre la cómoda y las lámparas era demasiado pequeña para el gran cuadro que allí se exhibía, y aunque tanto el cuadro del globo como la luz existente, que apunta hacia arriba bajo la viga, suponían correcciones adecuadas para la presión descendente de esta zona, el cuadro seguía siendo excesivamente grande.

La chimenea, que no se utilizaba, estaba adornada con ramitas, piñas y hojas secas, y a su lado había un cubo de hierro lleno de leña. Este arreglo parecía agotado, polvoriento y fuera de temporada. No había plantas o flores frescas en la estancia, sólo cuencos con popurrí, con lo que se acentuaba todavía más la falta de movimiento y una abrumadora sensación de estancamiento.

También adornaban el salón tres relojes averiados que mostraban momentos «congelados» en el tiempo; uno de ellos estaba en la zona de Fortuna (4).

Además de estar repleto de cosas, este salón resultaba incómodo y debía adquirir un ambiente más tranquilo. A esta sensación negativa hay que añadir el hecho de que la zona de Sabiduría (8) faltaba tanto en el salón como en el plano de superficie de la casa, carencia que debilitaba la capacidad de los ocupantes para superar la ansiedad.

Los sillones a cada lado de la cómoda se han suprimido con el fin de mejorar la sensación de espaciosidad. El gran cuadro

Antes

se ha sustituido por una imagen más pequeña
de forma que no se ocupe toda la zona. Las
revistas del estante inferior de la cómoda
se han reducido. Ahora pueden considerarse un
grupo ordenado, y no desordenado como antes.

La pareja de figuras étnicas sobre la repisa,
en la zona de Relaciones (2), se ha mantenido,
no así los cuadros, que se han sustituido por
una única imagen. Este cambio ayudará a la
propietaria a centrarse con determinación en su
nueva actividad.

La «cosecha» de frutos del año anterior y el
popurrí se han sustituido por varias plantas
que simbolizan un crecimiento nuevo. Al ser el
diseño de jardines la nueva actividad que
desea desarrollar la propietaria, la inclusión de
una parte del mundo natural en el interior de la
casa resulta de lo más adecuado.

Después *superior e izquierda*

Después

Antes

A la propietaria de este apartamento y su novio les gustaba vivir aquí, pero se sentían estresados. El apartamento cuenta con un dormitorio principal (*véanse* págs. 118-119) y un segundo dormitorio de forma triangular con unas dimensiones que obligan a utilizarlo únicamente como trastero. El resto de las estancias son una cocina diminuta y un cuarto de baño; en la fotografía se observa el salón. La pareja cree que el apartamento es muy pequeño y lamentan no tener espacios individuales para cada uno. Cuando las personas carecen de espacios tranquilos en sus vidas, la zona de Sabiduría (8) necesita una profunda revisión.

Ambos trabajan fuera de casa todo el día y, aunque les gusta su trabajo, también desearían hacer algo creativo. Su relación personal es buena, aunque tienen problemas de dinero.

La estancia está saturada con muchos muebles pesados. Además, es el lugar de paso obligado desde la puerta principal hasta el resto de las estancias, por lo que se convierte en un lugar en el que resulta difícil relajarse. El gran espejo con el marco de madera en el centro de la estancia proporciona un acusado punto focal y agranda el espacio, pero hay un televisor debajo que le resta protagonismo. Dado que ambos inquilinos expresaron su necesidad de tranquilidad y más tiempo para relajarse, sería conveniente restar importancia a la televisión.

En este salón se observan grandes contrastes, y el exceso de imágenes y texturas contundentes hacen que el espacio parezca todavía más reducido. El espejo y el armario alto resultan demasiado imponentes, y el espacio parece más abigarrado debido al amarillo mostaza de las paredes. Lo ideal sería pintarlas de un color más claro para reducir la intensidad y el contraste en el salón. Las zonas clave sobre las que hay que trabajar son las de Viaje (1), la Fortuna (4), la Creatividad (7) y la Sabiduría (8).

El exceso de flores secas producía un estancamiento de energía chi en este salón. En la zona del Viaje (1) se había colocado un ramo de flores secas, y otro en la de Sabiduría (8). Estas flores se han eliminado, así como las dos plantas presentes en la zona de Sabiduría, que obstruían un paso estrecho. De este modo tan sencillo se consigue aliviar la presión en esta zona concreta.

Los tres grandes estantes en la zona del Viaje estaban demasiado desordenados y llenos de libros. Existía discordia y tensión, y la situación se agravaba al reflejarse este desorden en el gran espejo sobre la chimenea. La zona se ha despejado al retirar todos los libros del estante superior, en el que se han colocado dos cuadros. Al elegir la moda como tema de las imágenes, la propietaria ha introducido en su presente símbolos tangibles de su futuro; así, este último parece más real y asequible.

La zona de Suerte (4) del salón estaba bloqueada por un gran armario alto de madera colocado en ángulo en un rincón. Dicho armario se ha dispuesto contra la pared, y se ha colocado una lámpara a su lado. Las flores secas y la yuca de hojas puntiagudas colocadas junto al armario, que hacían que el sillón pareciese incómodo, se han cambiado por una planta arbustiva de hojas redondeadas colocada tras el sillón.

Las ventanas del salón están sucias, por lo que oscurecen la visión del mundo exterior y dificultan la entrada de claridad y la previsión de nuevas posibilidades. Su limpieza aportará energía más brillante a la casa.

Para reducir la atracción del televisor como punto focal de la estancia, dicho aparato se ha tapado con una pantalla que muestra un atractivo tapiz rojo con un estampado que imita unas llamas. Los estantes bajo el televisor se han despejado, y se han retirado los libros.

En la zona de Antepasados (3) había un sofá de cuero marrón de aspecto gastado y con muelles rotos, por lo que no ofrecía ningún apoyo. La energía estaba decayendo, y esto se reflejaba en la falta de energía frente al bagua en Creatividad (7). Dado que la propietaria necesita la mayor cantidad posible de apoyo y ánimo para su creatividad, lo mejor es sustituirlo.

Una viga divide el centro de la estancia, pero está pintada de color blanco, como el techo, y presenta unos halógenos empotrados que reducen su impacto. Los inquilinos deberían evitar sentarse directamente bajo esta viga.

La mesa baja de centro resultaba práctica, pero dificultaba el movimiento, sobre todo si tenemos en cuenta que se trata del principal lugar de paso desde la puerta principal. Por ello, se ha sustituido por una más pequeña forrada con tela, con las esquinas más suaves.

Después *izquierda*   **Antes** *superior*

En la estancia existía una gran cantidad de energía del árbol, representada por el armario alto de madera y por el gran espejo con el marco del mismo material. Este espejo añadía al salón un exceso de energía dinámica que era preciso moderar. Se ha optado por un mantel ovalado en un tono hueso para reducir la presencia del árbol en la estancia, ya que el color blanco y las formas redondeadas representan la energía de metal, que controla la del árbol. Coloque una alfombra circular en color crema.

SUPERIOR Cuando se enciende durante los meses más fríos, una chimenea resulta muy acogedora, pero durante el resto del año se convierte en una zona bastante oscura. Por ello, los arreglos con plantas de temporada son ideales para reanimar la energía.

DERECHA Esta mesa de rincón con flores y una iluminación oculta, combinada con un espejo, representa un magnífico modo de animar un rincón oscuro y realzar una zona específica, sobre todo la de Fortuna (4).

PÁGINA SIGUIENTE Las personas se sienten más cómodas cuando controlan su entorno. Lo ideal es que los sillones y sofás tengan el apoyo de una pared sólida detrás.

CONSEJOS PARA SALONES

● Las mesas redondas son mucho más cómodas que las cuadradas o rectangulares para reunirse en ambientes informales.

● Evite las mesas con el sobre de cristal, en especial si carecen de marco, ya que resulta imposible relajarse completamente alrededor de los bordes afilados del cristal.

● El amarillo es un color estupendo para reunir energía y personas, y por lo general representa una buena elección para salones. No obstante, no podrá relajarse si el amarillo es demasiado intenso; evítelo en espacios reducidos.

● Las flores frescas mantienen la energía fresca, por lo que constituyen una inversión que merece la pena. Las flores secas acarrean estancamiento; cámbielas con cada estación.

● Asegúrese de que deja suficiente espacio en el suelo para las reuniones. No lo llene en exceso con muebles.

● Si existen vigas en el techo, no coloque asientos justo debajo, ya que todas las personas que se sienten bajo una viga con frecuencia podrían padecer dolores de cabeza.

● Coloque los sillones de manera que no den a un rincón o a una forma de líneas afiladas; el chi cortante resultaría incómodo y perturbador.

● Las imágenes de la familia —fotografías o retratos— reforzarán la sensación de cohesión en la casa.

● Cree un punto focal definido que no sea el televisor; de lo contrario, éste acabará por dominar la estancia.

Aunque el estilo rústico no gusta a todo el mundo, resulta aconsejable evitar el brillo deslumbrante de las cocinas tipo restaurante de comida rápida, con aparatos relucientes y mucho metal. Tal vez ofrezcan un aspecto limpio y brillante, pero ejercen una influencia estresante en la comida. Todo lo que pueda introducir en forma de objetos y materiales naturales hará que el espacio resulte más acogedor y relajante, y afectará positivamente a la preparación y digestión de los alimentos. Puede optar por contrarrestar la dureza del metal y el mármol en un espacio más austero equilibrándola con materiales naturales.

Los colores claros hacen que el ambiente de las cocinas y los comedores resulte más calmado. Los verdes y amarillos son adecuados para las cocinas, y los tonos rojizos son útiles en un comedor donde se busquen conversaciones estimulantes.

Es mejor trabajar en espacios iluminados y abiertos. Una buena iluminación es básica en la cocina; todos los rincones y las superficies de trabajo deben estar bien iluminados. Las velas o cualquier tipo de iluminación limitada son más adecuados para el comedor.

COCINAS Y COMEDORES

El papel que desempeñan la cocina y el comedor es esencial para la creación y el mantenimiento de nuestra salud, ya que los alimentos que cocinamos y comemos generan una nueva vida en nuestro interior.

La cocina constituye el centro de la casa. Asimismo, se trata de la estancia más importante en lo que respecta a nuestra alimentación, tanto física como espiritual, por lo que resulta vital que la persona que se ocupa de la comida lo haga en un entorno de tranquilidad y con los mínimos obstáculos. Cualquier interrupción discordante afectará a la energía de la persona que cocina. De forma similar, nuestros propios niveles de energía dependen de la capacidad para absorber los nutrientes de los alimentos, y ésta se ve seriamente mermada si el ambiente en la cocina es caótico y desordenado. Así pues, debe estar limpia, ordenada y sin estorbos, con mucho espacio, una buena organización y almacenamiento para favorecer el flujo regular del chi. Asegúrese de que las zonas destinadas a la preparación de alimentos no están situadas en rincones expuestos a la fuerza negativa de un ángulo o un estante afilados.

El lugar donde se encuentra ubicada la cocina en la casa tiene su efecto en la vida familiar. Si la cocina parece estar «fuera» del edificio porque sobresale de la puerta principal como si de una extensión se tratase, la comida será su preocupación siempre que llegue a casa. Si las visitas acceden a la casa a través de la cocina o pueden verla fácilmente, es más que probable que acaben sentadas alrededor de la mesa de comer. Un factor clave para conseguir la armonía en la cocina consiste en localizar el centro de cocción con respecto a la puerta, el fregadero y la ventana, si es que existe (*véase* pág. 108).

Resulta aconsejable comer en un lugar cómodo, en un ambiente sin prisas. Evite las distracciones en forma de imágenes estimulantes en las paredes, o de desorden sobre la mesa. Los principales elementos en la cocina son el agua y el fuego. La energía del árbol equilibra estos dos elementos, por lo que resulta conveniente utilizar madera y el color verde. Lo ideal es que la mesa de comer se ubique en una estancia separada, pero si está en la cocina debe retirar los utensilios antes de comer y desviar la atención de las funciones de cocina, ya sea suavizando la iluminación o bien ocultándolas con una pantalla. Instale una lámpara sobre la mesa o utilice velas en lugar de emplear una luz general para toda la estancia.

Antes

La pareja de propietarios de esta gran casa con cuatro dormitorios sólo lleva viviendo aquí tres meses; en cuanto la vieron les gustó. Al parecer, compartían el gusto de los anteriores inquilinos por los ambientes sencillos y naturales: grandes espacios vacíos, paredes blancas y un suelo natural de yute en toda la casa. Sin embargo, los antiguos propietarios tenían tres hijos y la casa estaba pensada para albergar a una familia; la energía de la casa estaba muy orientada hacia la vida familiar. Los actuales propietarios, por su parte, se conocen desde hace veinte años y no quieren tener hijos. Por tanto, necesitan cambiar la energía y recuperar el espacio para sí mismos y su trabajo. No hay ninguna razón por la que la casa no pueda albergar proyectos de negocios, siempre y cuando la intención se ubique claramente en el espacio.

La cocina, larga y estrecha, se encuentra entre el vestíbulo y el comedor, en el centro de la casa. La decoración es muy sobria, y la combinación de mármol gris y baldosas blancas resulta severa y dura. De hecho, la blancura en la casa es muy intensa y debe suavizarse. De forma similar, el comedor resulta muy austero y dificulta la sensación de tranquilidad y digestión. Por ello mismo, se necesita crear un entorno más acogedor en las zonas donde se preparan y consumen los alimentos; de lo contrario, la comida perderá su poder alimenticio.

El comedor es una extensión construida a continuación de la casa, lo que provoca la falta de una zona en Fortuna (4), en la parte posterior de la casa. La mujer, a punto de cumplir los cuarenta, necesita un refugio creativo; un jardín serviría de ayuda, ya que allí se rodearía de tierra, que la ayudaría a relajarse.

Parece, pues, evidente que tanto la cocina como el comedor requieren profundos reajustes, ya que ejercen el mayor impacto en la salud de los ocupantes: ella sufre de resfriados continuados, él de otitis, y en el fondo ninguno de los dos se enriquece realmente de energía.

Dado que los temas de salud necesitaban una atención específica, el principal objetivo consistía en crear un entorno enriquecedor, nutritivo. La cocina resultaba muy severa debido a la abundancia de metal: desde ollas, una tetera y un frutero, hasta botelleros y saleros, todo en cromo o en acero inoxidable. La introducción de materiales naturales ha suavizado la intensidad y dureza del conjunto.

Se han colocado una gran tabla de madera y un escurridor del mismo material, símbolo de la energía del árbol, sobre la encimera,

entre la pila, con su energía de agua, y la del fuego con el fin de armonizar la energía que fluye constantemente entre estos dos componentes.

Las cocinas modernas de alta tecnología tal vez parezcan de lo más atractivas, pero pueden convertirse en estancias incómodas si se pasa mucho tiempo en ellas. La combinación de madera natural con el azul verdoso de las puertas constituye una excelente opción cromática para una cocina, pero la estancia todavía parecía muy desnuda y severa. Por ello se incluyeron cestas con verduras y macetas con plantas aromáticas frescas, con el fin de incrementar la naturalidad y suavizar el efecto global. La adición de más madera hace que la cocina resulte más acogedora y menos árida, y esto último se reflejará en la calidad enriquecedora de los alimentos que aquí se cocinen.

Aunque el dinero no representa un problema para los inquilinos, la Fortuna (4) se encuentra en un espacio negativo. Para corregir esta situación puede colocarse un espejo del mismo tamaño que los fogones en la pared, encima de éstos, con lo que se duplicará simbólicamente la riqueza de la casa.

Después *superior e inferior*

Después

El comedor estaba vacío, a excepción de una mesa redonda y cuatro sillas de director, y aunque el espacio resultaba muy adecuado para el ocio, no lo era tanto para la vida diaria ni, desde luego, para dos personas.

Aunque la pareja no tiene problemas en su relación, siempre es bueno proteger las zonas de la vida que funcionan bien, sobre todo en cualquier situación novedosa o en una nueva casa. La pareja es consciente de que sus numerosos compromisos individuales por las tardes les impiden disfrutar de su tiempo libre juntos. Así, que el comer juntos resulte más íntimo servirá de gran ayuda. Además, al estar situada en la zona de Relaciones (2) de la casa, la estancia goza de una ubicación ideal para centrarse en reforzar su vida en común.

Para eliminar la sensación del tiempo apremiante durante las comidas se ha retirado el reloj de la pared y se ha sustituido por un paisaje caracterizado por los tonos terrosos de melocotón y amarillo, que reforzarán las relaciones, y con toques cálidos de rosa. En el futuro, sería una buena idea que la pareja colocase un cuadro o una fotografía con predominio de amarillos.

En términos más generales, la estancia necesitaba adquirir una naturaleza acogedora, y aunque la mesa redonda se presta a ello, carecía de toda decoración. Las frutas de color naranja sobre una bandeja redonda, a su vez sobre la mesa redonda, poseen una gran energía unificadora y proporcionan un buen punto focal para atraer a las personas. El sencillo mantel, por su parte, suaviza el ambiente y refuerza la calidez y el aspecto enriquecedor. Aunque no se encuentra en la zona de Amigos generosos (6), esta estancia se ha convertido en un espacio en el que los amigos se sentirán muy cómodos.

Antes

El ambiente de la estancia puede cambiarse en función de la estación del año, añadiendo plantas nuevas y cambiando el color del mantel: los verdes frescos serán adecuados para la primavera, los azules fríos para el verano y los amarillos para el otoño. Esta soleada estancia, con dos paredes y un techo de cristal, se encuentra bastante expuesta, por lo que necesita más símbolos de energía unificadora, sobre todo en invierno. La terracota, las cerámicas y las plantas harán que la estancia resulte más cómoda.

El techo es alto, pero unos cuadros en las paredes y unas plantas alrededor de la mesa conseguirán que la vista se centre en la parte inferior de la estancia. La pared lisa de la izquierda se encuentra en la zona de Antepasados (3), por lo que resulta ideal para colocar fotografías de la familia. Las imágenes de la pareja y sus padres ayudarán a subsanar las dificultades del pasado.

Un pequeño colgante de cristal en la ventana que da al patio contribuirá a reforzar la zona de Fortuna (4), ausente.

IZQUIERDA Intente no colocar la mesa en una zona muy transitada o allí donde existan muchas puertas que den a ella, ya que estas situaciones provocarán dificultades para digerir los alimentos. Asimismo, no debe estar directamente en la línea de una energía chi cortante e inestable, que se proyectará desde todas las esquinas afiladas. En cambio, las líneas fluidas de esta estantería de pared realzan de manera activa el ambiente relajado.

DERECHA La ubicación de la cocina ejerce un gran impacto en la calidad de las comidas. La persona que cocina no debe estar de espaldas a la puerta, y la zona de cocción no debe encontrarse bajo una ventana, ya que se pierde energía vital a través del cristal y la pared exterior. Lo ideal es crear una distribución triangular formada por la cocina, la pila y la nevera. Dado que el fuego es el medio de cocción más natural, el gas constituye la mejor elección para cocinar. Las mesas de madera proporcionan un apoyo sólido y son preferibles a las de cristal, que resultan incómodas.

IZQUIERDA Siempre que sea posible, introduzca líneas suaves y curvas en los espacios en lugar de ángulos pronunciados, ya que estas líneas favorecerán el flujo uniforme de energía en la estancia. Así, esta mesa circular y el armario de cocina con formas redondeadas hacen de esta cocina-comedor un espacio más enriquecedor.

DERECHA Evite las obras de arte abstractas en las zonas destinadas a comedor, ya que su subconsciente intentará descifrar la imagen mientras come. Uno de estos originales cuadros incluye el mensaje de «Despacio».

CONSEJOS PARA COCINAS Y COMEDORES

• La cocina, la pila y la nevera deberían formar un triángulo. Cuando la pila está cerca de la cocina, coloque una tabla de madera entre ambos con el fin de mantener el equilibrio entre las energías del árbol, el fuego y el agua.

• Una tostadora o una tetera metálica brillante frente a la persona que cocina, cuando ésta se encuentra de espaldas a la puerta, permite controlar la entrada de otras personas en la cocina, como lo hace un móvil en la puerta.

• La nevera puede estar orientada hacia la puerta, ya que pasará menos tiempo frente a ella. Asegúrese de que está llena de alimentos frescos, símbolo de prosperidad en la casa.

• Una buena iluminación es esencial: la persona que cocina debe tener una visión clara de todas las superficies de preparación.

• Es importante contar con una buena ventilación: el calor y los vapores generados por la cocción no deben impregnar la casa.

• Evite los relojes para crear un entorno intemporal y sin prisas en el que comer.

• Cuando instale una cocina desde cero, intente que los módulos y las superficies se adapten a la persona que los vaya a utilizar.

• Piense en los restaurantes de comida rápida e intente crear todo lo contrario: utilice materiales naturales siempre que sea posible.

• Los colores claros hacen que las zonas destinadas a comedor resulten más relajantes.

DORMITORIOS

Un dormitorio debe ser un refugio enriquecedor que nos relaje al final de un largo y ajetreado día, lejos del ruido y la tensión del mundo exterior. Debe ser un santuario que invite a la relajación y el rejuvenecimiento.

Cada vez más, las personas se van dando cuenta de que el exceso de actividad e información provoca un constante y enorme estrés. Por ello mismo, lo que necesitamos al final del día es un refugio enriquecedor, no un lugar de estimulación y distracción donde divertirse. Uno de los mayores regalos que podemos hacernos a nosotros mismos consiste sencillamente en crear santuarios en nuestros dormitorios, con el menor número posible de objetos que estimulen la vista o la mente.

Lo ideal es dormir en una habitación pequeña, donde la energía es más estabilizadora y contenida, y de la que se haya eliminado todo aquello que pueda afectar a la calidad del sueño. La ropa que haya llevado durante el día, y que habrá acumulado energías del mundo exterior, debe dejarse en otra estancia, ya sea un vestidor o un trastero, y aunque a menudo resulta difícil encontrar un espacio adecuado a este fin, es esencial llevar a cabo un replanteamiento de la distribución de las habitaciones que facilite esta separación entre el día y la noche.

La ubicación y la distribución del dormitorio ejercen un enorme impacto en su salud y en el nivel de vitalidad que tenga cada mañana al levantarse. El dormitorio principal debería estar ubicado en la parte trasera de la casa, lejos del movimiento de energía que se produce en la puerta principal. Cuando se mude a una nueva casa, intente dormir en todas las habitaciones para «sentir» la calidad de la energía de cada una de ellas antes de decidirse por una. Es aconsejable evitar los dormitorios que quedan fuera de la sección principal de la casa, ya que ello significaría que uno o ambos componentes de la pareja pasan mucho tiempo fuera de casa, lo que dificulta una relación satisfactoria. Si vive en un bloque de pisos, evite dormir sobre un pasillo muy transitado, ya que el flujo constante de energía resultará desestabilizador.

Su elección debería basarse más en la comodidad que en el tamaño. Lo ideal es que la habitación sea simétrica; las esquinas y los rincones dan mejores resultados en los salones ya que hacen que las estancias resulten ajetreadas, mientras que precisamente un dormitorio necesita todo lo contrario: debe convertirse en un refugio. Observe la estancia y asegúrese de que no haya nada que le moleste mientras duerme, como, por ejemplo, espejos, aparatos eléctricos, imágenes inadecuadas o colores vibrantes, obstáculos que impedirían su total relajación y rejuvenecimiento.

Incluso si el dormitorio es grande, evite llenarlo de muebles. Los ocupantes de este espacioso apartamento urbano han diseñado un dormitorio que inspira tranquilidad. En este espacio despejado han colocado una gran cama para llenar lo que de otro modo parecería un hueco abrumador.

Las grandes ventanas aportan vistas amplias de la ciudad, y aunque existe una ventana tras la cabecera de la cama, su efecto negativo se ha corregido con éxito al instalar biombos que se cierran por la noche con el fin de crear una pared «sólida» y así cerrar el espacio.

El dormitorio destaca por su simetría: las mesitas de noche y los cuadros actúan como reforzadores de las relaciones. Aunque no es un dormitorio pensado como refugio, sí que ofrece un buen apoyo a sus inquilinos urbanos; sin embargo, éstos deberían abandonar la ciudad durante los fines de semana para aportar un mayor equilibrio a sus vidas.

La luz del sol pinta la habitación con un amarillo vivo. Este color, unificador de la energía de tierra, debe mitigarse ligeramente; el cubrecamas blanco, que representa la energía del metal, lo consigue de manera eficaz.

Después

Ambos ocupantes prefieren un dormitorio sin adornos, blanco y sencillo; aunque la estancia necesitaba un tratamiento que la hiciese más enriquecedora y cálida, con colores más vivos, los cambios debían ajustarse a ese estilo. Sobre la cama se han colocado unos cojines y una colcha en tonos cálidos de tierra que crean acusados contrastes de color para así aportar estabilidad a la habitación blanca.

Un rasgo negativo es el hecho de que la cama se encuentre directamente sometida a la presión descendente de un techo abuhardillado. Así pues, era preciso empujar la energía hacia arriba, por lo que se colocó un par de plantas a cada lado de la cama, además de dos lámparas, focos independientes ajustables para de ese modo no instalar dos mesitas de noche y facilitar la lectura.

Detrás de la cama existe una puerta que da al trastero y que queda detrás de una de las personas, que se siente descentrada. Para cubrir esta puerta, se ha instalado una gran cabecera de madera, que a la vez aporta una enorme cantidad de energía del árbol que sirve para «elevar» el techo detrás de la cama. Si se colocase una muselina formando pliegues desde la cabecera hasta el techo, se reduciría todavía más el impacto de la presión descendente y mejoraría la situación. La cama se encuentra frente a una esquina muy pronunciada, el ángulo de la pared que alberga las escaleras, de forma que una planta alta desvía el chi cortante.

El rincón en el que se encuentra la televisión se ha transformado en un santuario para la relajación. Dado que ésta es la zona de riqueza de la habitación, las plantas aquí también estimularán la actividad económica. Una cómoda butaca representa un refugio seguro y tentador del resto de la casa.

Antes

Este dormitorio se encuentra en una gran casa familiar situada en una zona muy concurrida debido a que cuenta con colegios en las proximidades; sin embargo, la pareja que ocupa esta casa no pretende tener niños. Ambos son trabajadores autónomos, por lo que les resulta de gran utilidad disponer de espacio adicional en casa para desarrollar sus respectivas actividades. De hecho, cuando se trasladaron a esta casa más grande, tras descubrir que su anterior vivienda les producía claustrofobia, sus oportunidades de trabajo parecieron aumentar y la mujer comenzó a tener más clientes.

La propietaria se siente dividida entre sus zonas de trabajo. Tras pasar dos años sin ningún trabajo en firme, ahora siente una gran presión económica para pagar su parte del alquiler, así como sus estudios. Él es investigador y escritor, y disfruta realmente con su trabajo. La relación es buena, pero creen que carecen de tiempo para estar juntos. Además, ella siente que tampoco tienen suficiente tiempo para sus amigos y que tiene mucho menos contacto con su círculo social que diez años atrás. En general, su relación con los padres es buena, aunque éstos querrían que pasara más tiempo con ellos. Él, por el contrario, no se lleva tan bien con sus padres, pero acepta la situación tal cual.

En la cocina y el comedor ya se han realizado algunos cambios, pero es obvio que el dormitorio de la buhardilla necesita un profundo reajuste, ya que ninguno de los dos duerme bien: de hecho, él ha tenido problemas para dormir desde que se mudaron a esta casa, y ella se siente cansada desde hace un año y ya ha sufrido dos resfriados tras su mudanza. Además, siempre está ocupada, sin tiempo para ser creativa ni gozar de un momento de tranquilidad y reflexión. Así pues, los elementos que hay que tratar en este caso son la calidad del sueño, Sabiduría (8), reforzar la capacidad de la mujer para afrontar todas sus responsabilidades, y Antepasados (3), para mejorar sus relaciones familiares. En la planta baja se han realizado ajustes en Amigos generosos (6), para fortalecer sus relaciones sociales, y en Creatividad (7).

El feng shui no sólo trata de la energía de los espacios, sino también de la energía de las personas. Todos poseemos una vibración que puede prolongarse en los objetos de nuestro entorno; en ocasiones resulta posible sentir la desdicha de los propietarios anteriores de una casa, que se percibe en forma de vibraciones. Por ello, es importante deshacerse de los objetos cargados con la energía de los anteriores propietarios. No obstante, si es algo que le gustaría conservar, debe limpiarlo a conciencia. En este dormitorio se eliminó la cortina rosa de los anteriores inquilinos, pero esto dio lugar a un nuevo problema: la cama necesita una cabecera.

Se ha creado simetría, que aporta equilibrio, mediante la colocación de dos mesitas de noche, ambas redondas, que se han cubierto con una tela de color rosa claro. El cristal de la mesita se ha retirado porque se trata de un material demasiado duro como para estar junto a una cama. También se han añadido plantas, mientras que los libros se han retirado.

La electricidad fluye a través de los cables de los aparatos incluso cuando éstos se encuentran apagados, por lo que resulta recomendable adquirir el hábito de desenchufar todos los aparatos del dormitorio antes de acostarse. Obviamente, esto será inviable si el despertador es electrónico; sin embargo, dado que es muy probable que la cabeza, la parte del cuerpo más susceptible a las radiaciones electromagnéticas, se encuentre en el campo electromagnético del reloj durante la noche, lo mejor es sustituir dicho aparato por uno que funcione a pilas, tal como se ha hecho en este caso.

Después

Antes

Los inquilinos de esta casa de tres pisos llevan viviendo aquí dos años y medio, y aunque son felices, no acaban de sentirse del todo a gusto. Así, los niños no han gozado de buena salud, la madre ha intentado cambiar de actividad, y también ha estado enferma, y su estado general es de cansancio, igual que el del marido, de modo que ninguno de los dos se siente realmente renovado al levantarse por la mañana. A pesar de que mantienen una buena relación, no se sienten tan próximos como sería de desear.

Los ajustes realizados en el vestíbulo de la casa (*véanse* págs. 84-87) deberían ayudar en la progresión hacia un cambio de actividad. Sin embargo, tras examinar todas las estancias de la casa parece que es el dormitorio principal el que provoca los problemas que afectan a la salud y el sueño de la pareja.

El dormitorio está abarrotado de cosas. Hay una cama de matrimonio con una colcha de *patchwork* de estampado abigarrado y unos grandes cojines. Las mesitas de noche no son iguales: una es redonda, con un sobre de cristal, y la otra es pequeña y cuadrada, con muchos libros en el estante inferior. Además, la cortina rosa tras la cama, que pertenecía a los anteriores propietarios, se ha conservado, aunque de hecho a los inquilinos actuales nunca les ha gustado. Por otro lado, la pared al otro extremo de la cama, la primera visión que tiene la pareja cada mañana, está vacía.

Desde un lado de la cama, a través de un pasillo que se utiliza como vestidor, se observa el cuarto de baño. El marido solía dormir en este lado, pero recientemente cambió por el de su esposa porque comenzó a sentirse incómodo. Ahora es ella quien no duerme bien. Uno de los principales problemas del marido es que el despertador que tiene junto a la cabeza, en la mesita, es eléctrico.

Antes

Se ha instalado una sencilla cortina de muselina para ocultar el pasillo que se utilizaba como vestidor; así, se consigue cerrar con eficacia este espacio secundario al tiempo que el dormitorio adquiere una forma más regular. La pareja comparte la misma vista al final de la cama; ello ayudará a armonizar su relación.

El final de la cama se encuentra en la zona de trabajo de la habitación, por lo que se trata de una parte muy importante para la mujer. Este espacio debía llenarse con algo cuya visión resultase inspiradora, cada mañana al levantarse y cada noche antes de acostarse. Las imágenes con agua en movimiento o algo relacionado con el ámbito en el cual ella desea promocionarse sería igualmente adecuado en esta situación. Finalmente, se decidió por un cuadro de un río con algunos veleros.

Resulta aconsejable limitar la energía mientras se está en la cama con una cabecera y un mueble pesado a los pies de la cama. Aunque todavía no se ha instalado la cabecera, este dormitorio presenta el espacio suficiente como para colocar una mesa a los pies de la cama. El conjunto formado por la jofaina y la jarra de porcelana azul propicia los cambios de actividad, ya que el color azul se asocia con el agua, la casa del bagua que representa el viaje vital, y los recipientes favorecen la aparición de nuevas oportunidades.

Para conseguir que el dormitorio resulte incluso más acogedor se ha sustituido la colcha de *patchwork* por una más sencilla con un estampado de líneas ligeramente onduladas.

El único espejo de la estancia se ha colgado a la altura adecuada de modo que ambos ocupantes puedan verse de cuerpo entero en lugar de «cortar» la parte superior de las cabezas, con el consiguiente efecto negativo sobre su bienestar.

Después

Antes

Por desgracia, una viga similar a la que se encuentra en el salón divide la cama en dos partes. Una de las consecuencias de esta situación es que la mujer tiene problemas para dormir. La habitación es demasiado pequeña para poder cambiar la cama de posición, por lo que resulta recomendable cubrirla con telas ligeras para minimizar sus efectos negativos.

La solidez de la cómoda fomentaba la estabilidad, pero parecía más importante deshacerse de la sensación de estancamiento y abrir el espacio. Las rosas secas se han retirado y la cómoda se ha trasladado al segundo dormitorio con el fin de permitir el libre flujo del chi.

El final de la cama ha quedado abierto y vulnerable, pero las rayas de la nueva colcha delinean esa parte y prestan apoyo a la pareja.

Las personas experimentan problemas que o bien proceden de una estancia concreta o tal vez deban ajustarse en toda la casa. Este dormitorio representa una continuación de la consulta que comenzó en el salón de las páginas 96-99. Las mejoras en esta estancia no habrían bastado para resolver la relación y el bienestar de la pareja. El dormitorio se encuentra en la zona de Relaciones (2) del apartamento, lo que resulta significativo porque la pareja está a punto de casarse. Sin embargo, ella no duerme bien, se levanta cansada por las mañanas, mientras que él se siente agotado porque trabaja muchas horas. Por tanto, dado que los problemas de sueño constituyen el tema principal que hay que tratar, es necesario realizar una serie de cambios que tengan su efecto en otros aspectos de la vida de la pareja, tanto juntos como por separado.

Existen varios aspectos en el dormitorio que dificultan el sueño de la inquilina: de entre todos destaca la ansiedad que le provoca el cambio en su relación. Ambos componentes de la pareja se sienten estresados ante el hecho de no disponer de suficiente tiempo para ellos mismos; además, les gustaría poseer la energía suficiente como para ser creativos en materias no relacionadas con su trabajo. Por tanto, en este caso revisaremos las zonas de Creatividad (7), Relaciones (2) y Sabiduría (8), mientras que a través de un reajuste general intentaremos garantizar que el chi pueda moverse con libertad en el dormitorio. Cuando el flujo de energía se ve obstruido físicamente en un espacio, le resulta mucho más difícil fluir en el aspecto de la vida que refleja.

Después

Éste es uno de los dos dormitorios del apartamento. Se trata de una habitación pequeña con el espacio justo para una cama de matrimonio y un armario. Aunque es pequeño, no resulta nada acogedor debido a la preponderancia del color blanco (paredes, colcha y almohadas), que hace que la estancia parezca severa. La segunda de las dos habitaciones es demasiado pequeña como para considerarla un auténtico dormitorio, por lo que resulta más adecuado diseñarla como vestidor y darle una utilidad práctica, ya que se abrirá un nuevo espacio de almacenamiento que aliviará parte de la presión que recae en el dormitorio principal y el salón.

A los pies de la cama hay una enorme cómoda que bloquea la estancia y dificulta el paso. Este mueble tan pesado hace que la habitación parezca saturada e impide el flujo de *chi*; además, se encuentra en la zona de Creatividad del dormitorio. Sobre el alféizar de la ventana, la zona de la casa asociada con la Creatividad, hay un ramo de rosas secas; precisamente, la propietaria considera que ese aspecto de su vida también está «seco», pues lo que necesita es claridad y orientación para centrarse en un nuevo futuro. Detrás de la cama cuelgan dos óleos impresionistas que representan imágenes poco definidas, y en la zona de Relaciones se ha colocado el boceto de una muchacha triste con la mirada baja, elementos muy poco inspiradores como para tratarse de las primeras imágenes que se observan desde la cama al despertarse.

Asimismo, las vistosas rayas en naranja y dorado animan el ambiente, mientras que los estimulantes tonos rojizos propician un sentimiento de optimismo, sobre todo en lo que respecta a las relaciones. Se podrían haber pintado las paredes con un rosa suave y ligero, aunque tal vez así hubiesen resultado excesivamente femeninas. La dureza de la mesita de noche de hierro forjado se ha suavizado mediante una tela que contribuye a crear un ambiente más enriquecedor.

El espejo rectangular frente a los pies de la cama, colocado sobre la cómoda, era muy negativo para el descanso, por lo que se ha sustituido por un colorido cuadro con unas personas que caminan en un campo de flores. Se ha sustituido el triste retrato de la muchacha por una lámina con dos flores.

CONSEJOS PARA DORMITORIOS

• Coloque la cama con cuidado de modo que no duerma directamente en línea con la puerta; de ser así, dormiría en el centro de la energía que entra en la habitación. Debe contar con una vista clara de la puerta, y elija una pared sólida detrás de la cama en lugar de una zona abierta o una ventana.

• No coloque la cama bajo una viga o un altillo.

• Disponga siempre de una cabecera como punto de apoyo. Las de madera o tela, de formas redondeadas, son las más recomendables.

• Si se encuentra de espaldas a la puerta, coloque un espejo en la pared de enfrente de forma que le permita ver a todo el que entre en la habitación.

• Limítese a un solo espejo, y elija uno de forma circular, que simboliza la fusión de energías.

• Evite las camas con estructura metálica, ya que amplifican las radiaciones electromagnéticas de los aparatos eléctricos de la casa.

• Elija telas naturales para las sábanas y las almohadas siempre que le sea posible.

• Sustituya los colchones cada seis o siete años (antes si emprende una nueva relación seria).

• No tenga en el dormitorio nada relacionado con su trabajo, ni tampoco distracciones. Los libros de cabecera deben limitarse a uno o dos.

• Evite las luces sobre la cabeza; para conseguir una iluminación suave y relajante, utilice luces de amplio espectro en todas las lámparas.

SUPERIOR Las vigas del techo constituyen un problema común, tanto en las casas antiguas como en las más nuevas, en las que la autenticidad se considera una prioridad. En realidad, ejercen un efecto muy negativo en la calidad del sueño. El dosel de este dormitorio minimiza el efecto de las vigas al actuar como protección mientras se duerme y garantizar que la energía se mueva con suavidad. La tela verde constituye una buena elección, ya que el color anima el ambiente. En el pasado, la estructura de las camas era de madera, y retenían la energía de las personas durante el sueño; el taburete largo de la fotografía tiene la misma función. La adición de una alfombra es acertada: la piedra resulta dura en un dormitorio.

DERECHA Un maravilloso santuario en un gran dormitorio, un lugar donde refugiarse y leer mientras la puesta del sol baña la estancia. Todo contribuye al ambiente de tranquilidad.

Aunque no existen normas absolutas, las personas que tengan dificultades para descansar deberían dormir en habitaciones orientadas al oeste; las que dan al este son ideales para las personas mayores y para aquellas a las que les cuesta levantarse. Las orientadas al sur, que reciben toda la energía del sol a lo largo del día, pueden resultar demasiado estimulantes, mientras que las orientadas al norte carecen de energía. Analice su estado anímico y realice ajustes con colores más cálidos o más fríos en las paredes.

SUPERIOR Los tonos suaves, los muebles sencillos y un ambiente modesto crean en esta habitación un conjunto muy relajante, en contraste con el sol intenso que entra por la ventana, pero sin ser demasiado escaso. Mientras que una silla o una mesa auxiliar podrían emplearse en un salón para colocar algún adorno, el mobiliario en un dormitorio siempre debe tener una función; de lo contrario, es mejor colocarlo en otra estancia. Las habitaciones más pequeñas son más fáciles de convertir en refugios privados, ya que resultan más íntimas y sus dimensiones evitan que se transformen en centro de actividad. La relajación exige líneas y formas suaves y delicadas; evite los adornos angulosos.

En Occidente, el color blanco se asocia con la limpieza, y por eso constituye un buen color para los cuartos de baño. No obstante, necesita algún toque cálido, con pinceladas de verde, melocotón, rojo o rosa. Una toalla roja resulta especialmente alegre si el lavabo se encuentra en la zona de Iluminación (9). En este cuarto de baño hay dos piezas de cristal rojo que introducen el toque cálido.

Aunque la sencillez ininterrumpida del color blanco resulta beneficiosa, existe también riqueza y variedad de texturas en este cuarto de baño: cerámica, mimbre, madera, cristal y algodón. Asimismo, se ha logrado una buena combinación de líneas onduladas y rectas, círculos y cuadrados, con pocos ángulos rectos.

El suelo de baldosas en damero, blancas y negras, resulta muy contundente y constituye un modo adecuado de mantener la energía en una estancia en la que se pierde de forma continuada e inevitable a través de la fuerza descendente de las tuberías. Las plantas ayudarán a compensar el desequilibrio de energía; la sal marina añadida al baño impedirá la pérdida de minerales del cuerpo.

El enorme espejo ovalado, con su adornado marco blanco, amplía el espacio y contribuye a que los que utilicen esta estancia tengan una percepción mayor de sí mismos.

CUARTOS DE BAÑO

El cuarto de baño es un espacio privado en el que debemos sentirnos relajados cuando nos preparamos para ir a dormir, e impecables y listos para afrontar un nuevo día. Lógicamente, debe resultar funcional y práctico.

Los cuartos de baño son lugares para la limpieza y la purificación, y como tales necesitan una buena iluminación y ventilación, así como el máximo orden e intimidad. Deben estar limpios y ser sencillos. En esta estancia nos encontramos en comunión con nosotros mismos al final del día, antes de ir a la cama, y por la mañana cuando nos levantamos. Sin embargo, los cuartos de baño también implican residuos, y por ello deben estar tan alejados de la cocina como sea posible.

Las casas modernas se construyen con un número de cuartos de baño y aseos cada vez mayor. Aunque por lo general esto se considera una ventaja, en realidad provoca un exceso de energía descendente en la casa. La energía positiva que fluye por toda la vivienda gravitará hacia los lavabos y los desagües, por donde se perderá: por ello, cuanto mayor sea el número de salidas de agua, con más facilidad escapará dicha energía. Dado que el movimiento del agua se asocia con la salud, el número de baños y el estado de las tuberías influirá en las cuestiones económicas de los inquilinos de la casa. Colocar muchas plantas allí donde existe un exceso de energía de agua corregirá el desequilibrio, al igual que mantener bajada la tapa del inodoro. Además, para favorecer la circulación de la energía en la estancia, coloque la taza lo más alejada posible de la puerta, pero, a ser posible, no frente a ella.

Cuando nos levantamos por la mañana, el cuerpo se encuentra contraído debido a que nuestra energía ha pasado toda la noche en reposo. Debemos tener en el cuarto de baño objetos que nos hagan sonreír, ya que la risa hace que nuestro cuerpo se desentumezca. De igual manera, un espejo grande le animará a estirarse y repartir la energía hasta las extremidades. Por tanto, si dispone del espacio necesario, coloque un espejo alto y ancho de modo que su imagen reflejada sea lo más grande, completa y clara posible. Evite los armarios con espejos divididos, ya que éstos «parten» su imagen por la mitad, así como los espejos demasiado bajos y pequeños. Si no puede ver al menos 20 cm por encima de la cabeza, estará reduciendo considerablemente su potencial, puesto que la imagen que vea de sí mismo será limitada.

Un cuarto de baño pequeño hará que piense con mayor intensidad sobre su cuerpo: la iluminación intensa y los espejos grandes crearán una ilusión de espacio y favorecerán la expansión de sus horizontes.

Las paredes por encima del gresite azul de este cuarto de baño eran de un color blanco hueso grisáceo que hacía que la estancia resultase demasiado fría. Los cuartos de baño deben ser vivos y alegres, por lo que las paredes se han pintado con un verde intenso.

Los mosaicos azules sirven para ampliar la energía del agua en la estancia, que ya posee en gran cantidad por sí misma; por tanto, la introducción del verde, que simboliza la energía del árbol, ayuda a eliminar el exceso en parte. Asimismo, el verde es un color asociado con el dinero, por lo que incentivará la economía doméstica.

Incluso después de pintar las paredes existe un gran espacio de azul que hace que la estancia parezca bastante fría. Para añadir un toque cálido se puede recurrir al rojo o bien a las toallas en tonos cálidos.

El espejo sobre el lavamanos no era muy grande. Aunque el ocupante no es muy dado a mirarse el resto del cuerpo, sí se mira en este espejo cada día, y sus dimensiones habrán limitado su sentido de sí mismo y su capacidad para atraer proyectos de mayor envergadura. Por ello, se ha sustituido por uno más grande con el fin de que el inquilino expanda su potencial. Este cambio era especialmente importante ya que se trata del único espejo que hay en el apartamento.

El estante sobre el lavamanos contenía numerosos productos que no hacían más que obstaculizar la imagen reflejada en el espejo, por lo que constituía otro elemento bloqueador del potencial. Como se trata de la estancia con más actividad en el apartamento, era preciso disimular o eliminar este estante, por lo que algunos de los artículos se han cambiado a una mesa lateral.

Este apartamento está habitado por un artista desde hace siete años. Ha distribuido el espacio de manera inusual, convirtiendo una estancia en un estudio y colocando muy pocos muebles en el espacio grande que hace de salón, que ha adornado con objetos y pinturas contemporáneas. Tiene bastante éxito y le encanta su trabajo, y aunque es una persona muy reservada, sin ansias por ser el centro de atención, le gustaría que su trabajo fuese más conocido. Gana suficiente dinero, pero de forma irregular, lo que le provoca inseguridad económica.

El propietario ha intentado abrir el espacio en el salón, lo que le ayudaría a alimentar la energía en Sabiduría (8) y reducir su ansiedad. Resulta significativo, sin embargo, que su primer comentario sobre el apartamento fuese el modo de tirar de la cadena, ya que el agua no sale si no se tira de ella varias veces. Así pues, parece evidente que es el cuarto de baño el espacio que se debe reajustar, de forma que podemos tratar las zonas del bagua que reflejan estas preocupaciones: Fortuna (4) e Iluminación (9).

Antes

Después

Antes

El flujo del agua creadora de vida está
relacionado simbólicamente con el flujo de
la riqueza y las oportunidades, por lo que los
problemas que tenga con las tuberías ejercerán
un efecto económico directo. En este caso,
el flujo del agua en el inodoro es lento, lo que
refleja la peculiar situación económica:
el dinero entra de forma irregular y demasiado
lentamente. El hecho de que las tuberías
necesiten arreglo refleja una incapacidad para
atraer y ahorrar dinero. Su prioridad, incluso tras
realizar estos cambios, es llamar a un fontanero.

Después

El inevitable flujo del agua —y energía— que se pierde por la taza, y que tiende a ejercer un efecto negativo en la economía, se ve agravado por el hecho de que el inodoro está situado en la zona de Fortuna (4), por lo general asociada con la riqueza. Sobre el inodoro se ha colocado una planta vistosa de crecimiento erecto con el fin de aprovechar el exceso de energía del agua; la maceta es de un amarillo intenso con el borde dorado, ya que los colores vivos y el metal reflector mantienen la energía y la elevan. El respiradero, en un principio oculto por un cuadro bastante gris, se ha dejado al descubierto y se ha pintado de verde.

La ventana se encuentra en la zona de Iluminación (9) del cuarto de baño, un buen lugar para fomentar el éxito social y la reputación. El alféizar estaba lleno de artículos de tocador, pero se ha ordenado y se ha introducido más energía de fuego: una vela y una planta roja en una maceta verde, así como una bella cartulina roja que estimule dicha energía. También podría colgarse un cristal tallado en la ventana. El cuadro situado encima de la bañera simboliza un proyecto en el cual desearía embarcarse.

La oscura persiana marrón de la ventana, que se mantenía subida para permitir el paso de la mayor cantidad de luz posible y sólo se bajaba por la noche con el fin de conservar el calor, se ha sustituido por una cortina de una tela trasparente de color verde manzana y atada con lazos azules.

Los cuartos de baño deben disponer de una buena iluminación. Este lavabo se iluminaba con una bombilla de bajo voltaje, difuminada por una pantalla vieja y oscura. La pantalla de la lámpara incluso podría presentar un estampado metálico en dorado o plata, ya que contribuiría a activar la energía cada mañana.

CONSEJOS PARA CUARTOS DE BAÑO

• Los cuartos de baño pueden ubicarse en cualquier punto de la casa, pero en la medida de lo posible evite las zonas cercanas a la puerta principal, la de Fortuna (4) y el centro de la casa. Si no es posible, añada plantas de crecimiento erecto junto al inodoro, mantenga la tapa de la taza bajada y coloque un pequeño espejo convexo en la parte exterior de la puerta con el fin de evitar que la energía entre y se pierda. La energía chi es más activa en la parte delantera de la casa, por lo que si se va a perder, es mejor que sea desde la parte de atrás, donde tiene menos fuerza.

• Si el lavabo está cerca de la cocina, cuelgue un móvil de cerámica (asociada con la energía de la tierra) entre las dos estancias para así equilibrar las diferentes energías.

• Asegúrese de que las tuberías funcionan correctamente, sin escapes o problemas con el llenado, y sin ruidos. Un grifo que gotea, por poco que sea, indica problemas económicos.

• Sus «tuberías» internas también reflejarán la salud del cuarto de baño. Si tiene problemas físicos, asegúrese de que los resuelve al mismo tiempo que los fallos en las tuberías de la casa.

• Mantenga la estancia caliente, y evite los triángulos, los bordes afilados, los rincones, así como los materiales metálicos fríos o duros. Solos o combinados, le harán sentir muy incómodo cuando se encuentre desnudo.

• Si es posible, instale el baño o ducha cerca de una pared en lugar de una ventana, ya que ésta produciría una sensación de inseguridad.

IZQUIERDA Resulta esencial incorporar elementos que contrarresten el efecto absorbente de las tuberías con respecto a la energía de la estancia. Así, la planta alta en una cesta roja proporciona una intensa energía ascendente. Además, actúa como pantalla entre los espejos colocados frente a frente, y así impide que el reflejo de la persona que se está bañando desaparezca, ya que se multiplica hasta el infinito. Las ventanas son importantes para la ventilación; lo mejor es que estén separadas de la bañera. En este caso la cortina se baja para delimitar el espacio.

INFERIOR Las líneas cuadradas de este cuarto de baño tan moderno crean un ambiente muy masculino, y el flujo de energía favorece la entrada de dinero. El hecho de disponer de dos lavamanos significa que en la estancia fluye más agua, lo que resulta económicamente positivo, y la energía del árbol de la encimera constituye un modo efectivo de absorber la energía del agua que fluye por las tuberías. El gran espejo, que abarca los dos lavamanos, sin partición en el centro —algo esencial—, es excelente para animar a realizar unos estiramientos por la mañana.

IZQUIERDA Si el cuarto de baño carece de ventanas, cree la ilusión de contar con más espacio instalando un espejo en la pared, o bien una fotografía o un cuadro de motivos naturales. Elija una imagen que destaque por su movimiento ascendente con el fin de contrarrestar el movimiento natural de energía en la estancia, que siempre es descendente: los cuadros de estas toallas actuarán controlándola. El carácter anguloso del techo, potencialmente negativo, se ha suavizado al emplearlo para guardar toallas. La suavidad de estas últimas resulta muy positiva porque le hará sentirse cómodo y seguro cuando se encuentre en el espacio donde nos sentimos más vulnerables.

DORMITORIOS INFANTILES

Los niños parecen saber por intuición lo que es bueno para ellos. Sus habitaciones deben ser sencillas y acogedoras, adornadas con símbolos optimistas e imaginativos; un lugar en el que sea posible desarrollar el sentido de sí mismo además de disponer de suficiente espacio para jugar.

Los niños cambian con una rapidez extraordinaria a medida que crecen. Obviamente, necesitan que su entorno refleje esta velocidad, por lo que debe cambiar el esquema cromático y la distribución del mobiliario al menos cada dos años. Observe si el niño se siente cómodo en el lugar donde duerme o si, por el contrario, se mueve durante la noche y se despierta en otro punto de la habitación. Si no duerme bien, compruebe que no haya nada guardado bajo la cama o colgando sobre ésta. Deje que los niños escojan la decoración de sus dormitorios en lugar de dictarles su esquema cromático favorito. Ello se debe a que necesitan sentir que poseen algún control de su espacio, lo que los prepara para tomar decisiones cuando sean adultos. Es importante que las habitaciones infantiles cuenten con un punto focal: un móvil junto a una ventana, o un lugar especial para carteles, banderines, etc. Un reloj también resulta recomendable, ya que su presencia constante contribuye a desarrollar mejor su sentido de la puntualidad.

Elija una habitación cuadrada o rectangular en lugar de estancias de formas irregulares. Cuando decore el dormitorio, no añada molduras que dividan la pared horizontalmente, ya que entonces limita el entorno de los niños y obstaculiza el correcto desarrollo y crecimiento de sus personalidades. Tampoco debe «agobiarlos» con rayas y cuadros, ni con imágenes agresivas o que puedan asustarles, ya que provocan sentimientos de inseguridad.

Los colores primarios son ideales para las zonas de juego, aunque pueden sobreestimular a los niños muy activos. Por ello, es mejor evitar el rojo en los dormitorios, ya que es poco apropiado por tratarse del color de la energía del fuego, energizante. De forma similar, el papel pintado con estampados muy abigarrados o los tratamientos de pared demasiado llamativos resultan excesivamente estimulantes y deben cambiarse. En general, los colores suaves y claros son los más recomendables. Con un fondo más neutro en la pared podrá moderar la cantidad de estimulación que a su juicio necesitan sus hijos mediante la experimentación con diferentes colchas, juguetes y pósters. El verde es relajante, pero los colores fríos como el azul resultan demasiado tranquilizadores, sobre todo si la habitación es oscura y está orientada al norte. Por supuesto, los colores afectan a cada niño de forma distinta, por lo que debe observar las reacciones de sus hijos cuando realice cambios.

Esta habitación es sencilla y despejada, y está dominada por un árbol de fantasía de increíble belleza pintado en la pared. La energía del árbol generada por esta pintura constituye un buen modo de animar un rincón como éste, donde se ha colocado la cama bajo un techo ligeramente inclinado. La cabecera de madera incrementa la sensación de protección. Los árboles simbolizan el crecimiento, de modo que el de la pared también actuará como poderoso estimulante para que la niña desarrolle su creatividad. Asimismo, favorecerá la independencia y la fuerza interior, ya que dependerá menos de los juguetes y las influencias externas. La naturaleza ordenada de la estancia y la pequeña librería junto a la cama sugieren que la niña que duerme en esta habitación es aficionada a los cuentos. Sólo hay un juguete a la vista, prueba de que la niña debe ser muy independiente.

Siempre que sea posible, resulta recomendable que los niños de diferentes edades ocupen dormitorios separados. Si tienen que compartir habitación, utilice pantallas para dividir el espacio con el fin de que cada uno disfrute de su intimidad y pueda desarrollar su independencia y autoestima. Sobre todo, deje que los niños personalicen su espacio. El equilibrio es la clave.

Antes

El cambio más importante que hay que realizar en este dormitorio es la posición de la cama, que es preciso separar al máximo del espacio bajo el alero y detrás de la puerta. Aunque a los niños pequeños les gusta dormir en espacios bien delimitados, en realidad no es nada recomendable para su desarrollo a largo plazo.

La cama se ha girado de modo que el niño ahora duerme con la cabeza hacia la otra pared; no sólo tendrá una visión clara de la

El joven inquilino de este dormitorio tiene nueve años y vive con sus padres en la última casa de una hilera de adosadas. Por lo general no duerme bien, y esta situación no ha mejorado después de que la familia se mudara a esta casa desde un pequeño apartamento. El dormitorio es una de las dos habitaciones que se encuentran en el segundo piso, ambas bajo el alero, y se trata de una buhardilla con techos inclinados convertida en dormitorio. Actualmente, la cama está colocada bajo uno de los aleros, y el niño duerme con la parte posterior de la cabeza hacia la puerta, en una cama sin cabecera. Es muy probable que esta habitación se le quede pequeña en dos años, pero sus padres tienen intención de haberse mudado para entonces.

La habitación es un dormitorio infantil típico, con una colección de peluches y pósters de ídolos colocados en las paredes y en el techo inclinado. La estantería contiene un televisor para

Antes

los juegos de ordenador, y encima se observa una pecera. Ésta posee un filtro eléctrico que bombea el agua; en consecuencia, produce un zumbido constante.

Aunque al niño le gustan los deportes, actividad en la que parece desenvolverse bien, el nivel de estudios del colegio al que asiste es muy alto y le cuesta mucho esfuerzo mantener el ritmo. Además, recientemente se le ha diagnosticado dislexia, y en la actualidad recibe ayuda en sus estudios.

Para solucionar los problemas de sueño y las dificultades de aprendizaje del niño se debe prestar más atención a la distribución del dormitorio y el color empleado que a realizar cambios en las casas concretas del bagua de la estancia.

puerta, sino que además se verá libre de la gran presión que ejerce la arista del alero, la causa más probable de sus problemas para conciliar el sueño. Los pósters en el techo aumentaban todavía más esta presión, por lo que se han eliminado. Al añadir una cabecera a la cama, los efectos del techo se ven todavía más amortiguados.

Además, toda la habitación necesitaba un cambio de decoración. Las paredes y el techo

Ante todo, se precisaba llevar a cabo una limpieza general de todos aquellos objetos que ya no tuvieran utilidad o interés. Los libros infantiles, por ejemplo, se podían regalar o bien guardar en el sótano con objeto de ganar espacio para libros más propios de su edad. Las estanterías estaban muy llenas, y de esta forma se han despejado. En el futuro sería una buena idea añadir unas puertas al rincón ocupado por las estanterías con el fin de abrir un armario empotrado en el que guardar todos los libros.

La cama se ha cambiado de posición; ya no se encuentra en el rincón del dormitorio, de manera que ahora la cabeza de la muchacha tiene el apoyo completo de la pared. El hecho de que la cabeza se encontrase en un ángulo era negativo, ya que la energía alrededor de la cabeza se dividía por efecto del rincón pronunciado que apuntaba hacia ella. Ahora, la cama se encuentra colocada contra la pared, y se ha dejado un pequeño espacio que permite el movimiento a ambos lados de la cama. Una simple mirada al espejo colocado sobre la chimenea permite ver si alguien entra en la habitación. La planta colgante que se encontraba sobre la repisa de la chimenea se ha sustituido por otra de crecimiento erecto.

El balancín junto a la puerta representaba energía masculina y actuaba como un guardián protector, pero es adecuado para niños más pequeños, por lo que se ha trasladado al sótano. Ahora es posible colocar un póster con una imagen de un caballo, un árbol o una casa en la pared que se extiende detrás del caballo, ya que actuará como guardián tranquilizador y transmitirá confianza en la transición hacia la adolescencia. Dado que se encuentra en la zona de Antepasados (3) de la habitación, también estimulará la relación de la joven con sus padres a medida que crezca.

Antes

La niña de once años que duerme en esta habitación se está preparando para realizar el cambio a la adolescencia. Es hija única, vive con sus padres en una casa victoriana y asiste a un colegio de la zona. Se encuentra sumergida en una fase de transición, tal y como su dormitorio demuestra, con pósters de estrellas del pop y esmaltes para uñas junto a una hermosa colección de peluches y muñecas.

Se trata de una niña muy feliz y equilibrada, sin problemas de salud o dificultades en el colegio, por lo que en este caso la prioridad consiste en hacer algunos reajustes en el dormitorio que la ayuden en este período de transición tan importante que es la adolescencia. Ésta puede convertirse en una época muy traumática, por lo que necesitará de todo el apoyo de sus padres —en especial el de su madre— al tiempo que supone el inicio de abrir su propio camino en el mundo. Los cambios que se vayan a realizar se centrarán, pues, en el modo de conseguir que esta transición resulte lo más armónica posible.

La habitación es bastante grande, con la cama colocada en ángulo en un rincón, con la parte posterior hacia la pared donde se encuentra la puerta. El techo es alto, pero la cenefa de papel con un estampado de rosas desvía la atención; a su vez, las paredes de color rosa claro son un armónico fondo para todos los cuadros y pósters. El ambiente general es de amontonamiento, con una tendencia horizontal bastante marcada. El espejo de tocador está medio tapado por una colección de collares y pañuelos, y el sobre está repleto de joyeros y artículos de tocador. Sin embargo, domina el espacio un hermoso caballo de balancín que data de cuando era una niña.

Después

Antes

En la actualidad, en la zona de Antepasados (3) hay pósters de estrellas del rock que deberían trasladarse a Creatividad (7), junto al espejo. Los cuadros, que colgaban de forma irregular de una moldura y restaban protagonismo a la cenefa de papel, se han bajado.

La cenefa floral era bastante abigarrada y estaba anticuada, y además no era muy del agrado de la muchacha, por lo que se ha sustituido por otra con un estampado floral más estructurado y moderno, elegido por ella misma, que le ayudará a concentrarse mejor. De hecho, la cenefa muestra los cinco colores del ciclo de las cinco energías en movimiento, de modo que añade un acertado equilibrio.

La cama presenta una nueva colcha azul (un color relajante) con un bonito estampado de fresas que dibujan líneas rojas, que aportan dirección a la vida de la joven. Además, se ha incluido una mesita redonda con una lámpara.

El espejo junto a la puerta se ha colgado en la pared, pero todavía deberán hacerse los ajustes necesarios para que la muchacha obtenga una visión completa de sí misma.

Después

Los peluches se han colocado en la oscura chimenea, anteriormente bloqueada por un cuadro que se apoyaba contra ella.

La extensa colección de cristales de cuarzo que se encontraba junto a la cama, sobre un taburete cuadrado antiguo, se ha retirado porque los cristales aumentaban los elementos negativos de la habitación. Deben limpiarse con frecuencia, pero pueden colocarse en cualquier otro lugar.

El tocador se ha ordenado, y se ha despejado la parte superior del espejo. Los nuevos lazos de guinga amarilla y los festones azules son mucho menos infantiles que los de color rosa a los que sustituyen.

Después

CONSEJOS PARA DORMITORIOS INFANTILES

• Los dormitorios infantiles deben ser sencillos y acogedores, y estar llenos de símbolos optimistas e imaginativos. Por ello, evite las imágenes abstractas, demasiado complejas para los niños más pequeños.

• Aumente la sensación de seguridad colocando la cama de modo que el niño pueda ver la puerta cuando esté acostado.

• Instale una lámpara en la mesita o un interruptor de la luz principal para que los niños puedan leer sin tener que salir de la cama.

• Coloque un espejo en alguna pared alejada de la cama, con la altura suficiente para que el niño o la niña pueda verse de cuerpo entero y un poco más, lo que les ayudará a desarrollar una fuerte conciencia de sí mismos. Suba el espejo a medida que los niños crezcan o bien compre uno más grande.

• Mantenga limpia la habitación; ayude a los niños a tenerla ordenada. Esto aumentará su vitalidad y energía.

• Elija muebles y estanterías con líneas redondeadas, ya que éstas ayudarán a que los niños crezcan con creatividad y sean flexibles.

• Además de constituir la zona destinada al descanso nocturno, intente que los niños dispongan de suficiente espacio para jugar.

• Siempre que sea posible, separe a los niños de edades diferentes para que desarrollen mejor su autoconfianza. Sobre todo, ofrezca a los pequeños intimidad y permítales que personalicen su espacio.

• Evite las literas: un niño quedará encajonado debajo y otro, muy cerca del techo.

DERECHA Las líneas redondeadas de los taburetes y la mesa estimulan la creatividad, mientras que la cuadratura de la pizarra y los cajones favorecerán el control y la estructura de pensamiento. Las imágenes de animales deben ser siempre reconocibles y amables: a los niños pequeños les tranquilizan los perros. Los colores vivos de esta habitación resultan muy estimulantes para las mentes jóvenes; lo ideal es que este espacio estuviese separado.

DERECHA Observe cómo afecta a la personalidad de sus hijos la decoración de la habitación. Este ejemplo es perfecto para un niño que necesite disciplina y orden debido a su estructura cuadrada, las telas de cuadros, el almacenamiento ordenado y los muebles cuadrados. Sería excesivo para un niño muy creativo, que lo encontraría restrictivo; el azul es un color frío e introspectivo, aunque el amarillo aporta calidez.

IZQUIERDA Estos animales serán los guardianes perfectos siempre y cuando gusten a los que duerman en la habitación. Para mantener despejada la zona sobre sus cabezas es preciso retirar los doseles, a menos que se utilicen de verdad. Las mesitas de noche actúan como límite, mientras que las camas iguales favorecerán una buena relación.

DERECHA La verticalidad de los armarios altos, las estanterías y las rayas contribuyen al crecimiento vertical de la energía de los niños. Una cortina resulta ideal para separar la zona de juegos de la cama.

Cuando las personas trabajan en casa, se tienen muchas más oportunidades de crear entornos vivificantes que las apoyen. Esta habitación constituye un lugar que inspira a trabajar gracias a sus vistas al jardín, al suelo de madera natural, al laurel y a la gran cantidad de espacio donde guardar el trabajo a medida que se avanza. Los delicados pliegues de las cortinas y la pared curvada permiten el flujo uniforme de energía. Se trata de un entorno muy creativo que, con la adición del escritorio como punto focal, permite convertir la creatividad en dinero. Una estancia cuadrada o rectangular, con muebles de ángulos rectos, es más adecuada para manejar cuestiones económicas y tomar decisiones (funciones lógicas propias de la parte izquierda del cerebro), mientras que las curvas, los círculos y los óvalos son más adecuados para estimular la creatividad (funciones más intuitivas de la parte derecha del cerebro).

Aprovechar la vista exterior significa que la persona sentada ante el escritorio tendrá la espalda al descubierto, pero la brillante lámpara de pie reflejará a todo el que entre o se mueva por detrás. Los marcos metálicos de los cuadros, la iluminación desde abajo y una planta alta se combinan para activar el rincón de Fortuna (4) de la estancia.

ESPACIOS DE TRABAJO

Trabajar en casa aporta una indiscutible sensación de libertad. Tal vez no tenga la oportunidad de dejar físicamente la oficina y dirigirse al santuario y refugio que es su casa, pero puede crear su propio ambiente de trabajo libre de tensiones.

El mundo del trabajo y los negocios está cambiando con extrema rapidez. Los avances en la tecnología informática y en las llamadas autopistas de la información posibilitan trabajar desde cualquier punto. De hecho, se calcula que a principios del siglo XXI más de la mitad de la población de Estados Unidos trabajará desde casa, y algo parecido ocurrirá en Europa. Así, las personas que trabajen por cuenta propia, las que trabajen desde casa y mantengan el contacto con la oficina a través de un ordenador, disfrutarán de grandes oportunidades y evitarán tener que desplazarse a una oficina.

Esta revolución está ejerciendo un espectacular impacto en nuestras vidas, hasta el punto de que las casas corren el riesgo de convertirse en centros frenéticos de nuestras actividades comerciales. Mediante la aplicación de los principios del feng shui y la conciencia del modo en que nos afecta el entorno, resulta totalmente posible crear entornos domésticos y de trabajo compatibles entre ellos. La clave consiste en conseguir el equilibrio en cuanto al empleo del espacio y la definición de unos límites claros entre el ámbito profesional y el privado.

El lugar que elija como oficina o estudio en casa se convertirá en un microcosmos de todo el negocio. Resulta aconsejable localizar una estancia cerca de la puerta principal, sobre todo si recibe visitas, ya que no deseará que pasen por todas las estancias familiares; además, esta ubicación refuerza la relación con el mundo exterior. Elija una habitación tranquila, o como mínimo mantenga la puerta cerrada para poder aislarse del movimiento del resto de la familia. Las distracciones interrumpirán inevitablemente su concentración.

La forma y el contenido de la estancia determinarán el foco de energía. Todo debe estar bien organizado. La posición del escritorio es muy importante, así como la distribución del espacio, para que la energía pueda fluir libremente. Coloque el escritorio de modo que tenga una pared sólida a sus espaldas en lugar de una ventana o un paso abierto, y asegúrese de que ningún ángulo agudo apunta directamente hacia usted. No coloque el escritorio en ángulo en un rincón e intente sentarse de modo que tenga una visión clara de la puerta; no obstante, asegúrese de que no se encuentra sentado frente a ésta, en el centro del camino de la energía que entra en la estancia. Mantenga despejada la pared que se encuentra detrás del escritorio con el fin de que los hipotéticos interlocutores no se distraigan con cuadros o notas.

Antes

El propietario de esta casa de cuatro dormitorios es actor, y asegura que su carrera atraviesa un difícil período de «huelga pasiva». Dado que no atrae suficientes trabajos interesantes, se siente económicamente en peligro y, por tanto, estresado. No entiende por qué su talento no está dando los frutos en forma de reconocimiento y trabajo que desea y cree merecer.

El propietario utiliza la habitación de invitados como estudio. Aunque la mayor parte de su trabajo le obliga a rodar en exteriores, utiliza la habitación más de lo que había planeado inicialmente. Cuando meditó sobre su rutina diaria, se dio cuenta de que, en realidad, hace mucho trabajo desde casa. De hecho, la habitación se ha convertido en una imprescindible base organizativa, así como en punto focal de su vida laboral cuando no se encuentra rodando.

La estancia presenta una crisis de identidad. Aunque el ocupante la considera su estudio, los otros miembros de la familia suelen entrar y cambiar las cosas de sitio. En realidad, nadie parece considerar el territorio como una «zona prohibida», y su mujer todavía la denomina «habitación de invitados».

Se trata, pues, de un entorno con poca autoridad, y ello está incidiendo de una forma muy directa en la capacidad del actor para tener éxito. Todo el mundo necesita una base, un lugar desde el cual salir y conquistar, y esto es lo que se necesita crear en este caso. Si no se ve obligado a salir cada día de su casa para ir a una oficina, es importante crear un entorno agradable dentro de su propio espacio.

Después

La primera vista desde la puerta de la estancia era una gran cama de matrimonio con una colcha blanca y una vieja cabecera de madera. Se encontraba en el centro de la habitación, dominando el espacio, y dificultaba en gran medida la concentración. Apenas se utilizaba, sólo en ocasiones, por lo que se ha sustituido por un pequeño sofá.

Las paredes están cubiertas con papel pintado William Morris, con un estampado de hojas y limones. Al actor le gusta este papel, pero no le deja concentrarse. Cuando se acostumbre a trabajar y concentrarse en esta habitación, empezará a sentir que ese estampado le agobia, y entonces será el momento de pintar las paredes con un tono más neutro, hueso o crema. Este tratamiento creará un entorno más sencillo y permitirá concentrar la energía en el trabajo.

A la derecha hay un lavabo ubicado en una zona embaldosada, con un espejo encima. Para eliminar todas las pistas de que esta estancia ha sido un dormitorio, se ha colocado un biombo contra el lavamanos para que éste quede oculto. Ese mismo biombo puede emplearse para tapar el escritorio cuando la estancia se utilice como habitación de invitados.

A la izquierda había un viejo armario con espejos en las puertas, que se ha retirado porque se trataba de una pieza de dormitorio utilizada para almacenar objetos inútiles y trabajo pasado. Los objetos útiles se guardan ahora en una pequeña estantería.

En el resto de la estancia había una serie de mesas y estanterías de madera llenas de archivos de facturas domésticas, carpetas con trabajo y fotografías. Había también un escritorio con un ordenador y otro con papeles, un teléfono, un listín y una lámpara.

Después

Antes

El escritorio se ha cambiado de posición; la persona que se sentaba ante él disfrutaba de la vista, pero se distraía mucho. Para evitarlo, se ha colocado donde solía estar el armario, en la zona de Fortuna (4), donde existe el apoyo de una pared sólida y es posible ver la puerta; por tanto, se encuentra en la posición de poder. Además, todavía es posible observar la vista a través de la ventana. Un escritorio más grande y atractivo representaría una buena inversión, ya que es difícil desarrollar una carrera sólida con un equipo usado. Asimismo, también resultaría conveniente disponer de algo más sólido y útil que la vieja silla de oficina.

El ocupante debía saber qué necesitaba tener en este escritorio ordenado pero muy lleno. El teléfono dispone ahora de un cable largo, de modo que puede moverse entre la silla junto a la ventana y el escritorio. Cuando se sienta a trabajar, el codo derecho debería hallarse en la zona de Amigos generosos (6), ya que es precisamente el teléfono la vía de entrada de la mayoría de trabajos.

En la parte superior de la ventana derecha hay suspendido un cristal que activa la energía chi que entra en la estancia y que estimula la Fortuna; un cuenco de cristal colocado en la misma zona, sobre el escritorio, recibirá el flujo de riqueza.

Se ha colocado un sillón en la zona del mirador, con una mesita redonda, así se consigue un lugar ideal para la creatividad. Cuando el trabajo exija suma concentración, se puede sentar a la mesa rectangular.

La zona del Viaje (1) de la estancia se ha ordenado: los archivos disponen ahora de más espacio, se han eliminado las fotografías de la familia de su mujer y se han sustituido por el sugerente cartel de una película.

Se han colocado plantas junto al ordenador y sobre el escritorio para contrarrestar la influencia de la energía electromagnética.

Este dormitorio se ve desde la puerta principal. Antiguamente era un salón enorme, aunque su distribución es la de un estudio multifuncional, con una cama en un rincón. Resulta difícil sentirse cómodo y protegido en una zona tan grande, con el escritorio y el ordenador en el centro de la estancia, que recuerdan continuamente el trabajo. Se tiene una vista clara del escritorio desde la cama, lo que implica que no hay límites entre la vida privada y profesional, hecho que dificulta sobremanera cualquier amago de desconexión y reposo.

Cuando tenga que utilizar el dormitorio como estudio, es muy importante crear límites definidos entre el trabajo y el descanso. Aquí se ha conseguido aumentar el sentimiento de seguridad mediante la colocación de un biombo que oculta la zona de descanso. Distribuya el espacio de modo que no note la cama mientras está trabajando ni tampoco pueda ver la zona de trabajo cuando haya terminado. Sólo así tendrá la sensación de haber completado el día de trabajo y podrá descansar y relajarse.

Sobre la mesa redonda y en el suelo, junto a la chimenea, había pilas de revistas, libros e informes; la cómoda y el escritorio contenían montañas de trabajo, y la mesa estaba repleta de discos compactos. Es evidente que ante todo se debía llevar a cabo una gran limpieza de forma que la persona que trabaje se sienta menos abrumada. El hecho de tener un montón de trabajo inacabado y libros y revistas sin leer como última visión antes de acostarse y primera al levantarse constituye la causa principal del estrés.

Los ocho grabados de sabios chinos de aspecto severo que ocupaban la zona de Sabiduría (8) miraban con desaprobación: se han sustituido por cuadros de parejas.

Antes

Este elegante apartamento urbano de una única habitación está ocupado por una profesional soltera desde hace nueve años. Ha trabajado como economista durante diecisiete años; se trata de una actividad que le gusta, pero no así las prolongadas jornadas de trabajo, la presión frenética ni el ambiente creado por doscientas personas luchando entre sí en una competitiva y ruidosa oficina de planta abierta. Afirma que se siente atrapada, débil y vacía. Se define como una persona independiente, y admite haber escogido a muchos amigos igualmente seguros de sí mismos. No tiene pareja a pesar de que le gustaría, pero siente que no dispone de suficiente tiempo libre como para resolver esta situación. Incluso cuando intenta relajarse, afirma que realiza un profundo diálogo interno. Cree que el dinero es demasiado importante en su vida y se siente tan preocupada por el tema económico que no se para a pensar lo afortunada que es por lo que tiene. Este estrés acumulativo afecta a su bienestar físico, hasta tal punto que ha dejado de hacer ejercicio y seguir una dieta sana.

Aunque esta mujer se siente creativa en el trabajo, afirma que su vida personal carece de creatividad, y le gustaría disponer de más tiempo para sí misma. En este sentido, resulta de lo más revelador que el cuadro situado en el punto focal del salón sea precisamente una imagen inconexa que refuerza su necesidad de sentirse completa.

En este caso, los reajustes que hay que realizar deben centrarse en transmitir una sensación de serenidad en su vida y un equilibrio más sano entre el trabajo y el tiempo libre. Los cambios se centrarán en el Viaje (1), con el fin de abrir nuevas perspectivas en su carrera, y en Relaciones (2) y Sabiduría (8), ya que busca una pareja y una relación mejor consigo misma. Para hacer estas transformaciones es preciso realizar ajustes en su estudio/dormitorio.

Después

Después *superior e izquierda*

La estancia estaba dominada por una palmera enorme que ocupaba el espacio e impedía la utilización de casi la mitad de la habitación. Las grandes frondas de esta planta apuntaban directamente al escritorio y podían ser la causa de que sentarse ante éste resultase muy incómodo. Para sacar un mayor partido a la estancia y eliminar la energía «punzante», se han atado las hojas que crecían desordenadamente y se ha realzado la altura de la planta; se han eliminado algunas hojas inferiores.

El escritorio es una mesa con caballete de un aspecto bastante precario situada en el centro de la estancia, con la parte trasera hacia la puerta. Éste era un lugar muy inseguro, hasta el punto de que la mujer no se sentaba ahí sino que se trasladaba a la mesa de comer situada en el salón principal. Por ello, se ha cambiado de posición de modo que uno se pueda sentar de cara a la puerta, con la espalda protegida por el panel de madera al lado de la ventana. En el futuro debería sustituir esta mesa por otra más sólida.

El apartamento posee una gran cantidad de energía del árbol, ya que la madera está muy presente en muebles, paneles y contraventanas, a lo que hay que añadir que los techos y las ventanas son muy altos. La abundancia de energía del árbol representa dinamismo y ambición, y por tanto no es nutritiva; por ello, es preciso absorberla con energía del fuego, de forma que se han introducido toques rojizos, además de flores junto a la oscura chimenea

Al mismo tiempo, se ha incluido una imagen más vibrante y alegre con una vasija rojiza y coral que sustituye a la gris y severa pintura que había sobre la chimenea. De este modo, la vasija se ha convertido ahora en un recipiente del que surge la creatividad.

Además, existen unas cincuenta imágenes de figuras solitarias repartidas por el apartamento, cuyo impacto es preciso minimizar, si lo que se pretende es encontrar pareja. Por ello, es más aconsejable rodearse de imágenes de parejas, en especial sobre la cama y en la zona de Relaciones (2).

Las dos jaulas vacías sobre el armario se han eliminado ya que estaban en la zona de Fortuna (4), y resultaban inhibidoras.

Antes

CONSEJOS PARA ESPACIOS DE TRABAJO

• Cuando el espacio sea escaso, es esencial una buena organización. Mantenga el orden, ya que un entorno caótico le impedirá pensar con claridad.

• Intente crear dos energías distintas en la estancia: una viva para el trabajo activo y exterior, y otra suave y receptiva para el estudio, donde pueda concentrarse.

• Los aparatos eléctricos provocan una gran contaminación interior de radiaciones electromagnéticas que provocan cansancio y estrés. Para evitarlas, asegúrese de que existe una buena ventilación; utilice un ionizador para potenciar los iones negativos y emplee materiales naturales en lugar de plásticos.

• Equilibre también las descargas electromagnéticas con plantas, que limpian el aire, como las cintas, la poinsetias y la planta del dinero. Coloque al menos una junto a cada aparato eléctrico.

• El escritorio ideal debería combinar las formas cuadradas y redondeadas: una zona cuadrada con los archivos y el ordenador, y una zona creativa circular.

• Trabaje en horizontal; de lo contrario, se sentirá agobiado por las pilas de trabajo pendiente.

• Asegúrese de que todo funciona, y repare inmediatamente cualquier objeto que se estropee.

• Mantenga fresco el ambiente y vacíe la papelera cada día en lugar de permitir la acumulación de estancamiento. Asegúrese de poder cerrar el espacio de trabajo al final del día.

IZQUIERDA Las mesas, las estanterías, las cajas, la ventana y la cortina, todas de formas rectangulares, así como la cuadrícula de las sillas, hacen que este entorno resulte adecuado para el estudio de temas no creativos. Las sillas proporcionan un buen apoyo y animarán a permanecer sentado. Además, al ser metálicas, como las estructuras de las mesas, favorecen la concentración. Tenga presente el poder de los símbolos cuando seleccione los cuadros o adornos, y utilícelos siempre como refuerzos positivos: un helicóptero constituye un símbolo de una vista de pájaro y, por extensión, de perspicacia .

PÁGINA ANTERIOR Esta zona de trabajo presenta una buena combinación de madera, que estimula la creatividad, y de metal, que facilita la concentración. Por ello constituye un buen lugar para organizar y finalizar el proceso creativo. Los escritorios tienen ruedas, un recurso adecuado para el trabajo en grupo y para cambiar la distribución de la oficina según las necesidades. No obstante, y dado que son móviles, resulta aconsejable que el suelo sea de un único color sólido con el fin de aportar una base más firme.

IZQUIERDA Las hermosas curvas clásicas de este escritorio lo convierten en una pieza de lo más sugerente. Las elaboradas tallas añaden precisión, que propiciará la concentración. El espejo aumenta el espacio, de modo que la persona sentada ante el escritorio no se encontrará ante una pared desnuda y podrá ver lo que sucede a sus espaldas. La creativa y sinuosa lámpara y las curvas crean un lugar que invita a escribir cartas, mientras que el espejo rectangular aporta un elemento de eficacia.

CONCLUSIÓN

SUPERIOR Elija cuadros que le gusten o que simbolicen algo importante en su vida. El arte muestra el estado y la profundidad del espíritu; por tanto, no lo utilice simplemente para llenar las paredes. Dado que verá las piezas escogidas cada día, éstas deben tener un significado.

DERECHA Cuando las estancias desempeñen dos funciones, distribúyalas. Si la cocina es también comedor, es importante ocultar al máximo los utensilios empleados en la preparación de los alimentos mientras se come. Retírelos cuando la comida esté preparada y cree un ambiente distinto con una iluminación baja junto a la mesa y oscura en la cocina.

Proceda con cuidado y de forma gradual

Antes de comenzar a cambiar su entorno, es fundamental llevar a cabo primero una limpieza general. El hecho de añadir un elemento nuevo que realce la energía positiva, como un espejo, para corregir el espacio negativo no sirve de nada si la estancia está repleta o desordenada. De hecho, así sólo conseguirá ampliar las dificultades y duplicar sus problemas. Por tanto, sea implacable y guarde únicamente los objetos que desempeñen una función o los que tengan un valor sentimental. Cuanto más despejado esté el entorno, más claridad existirá en su vida y más posibilidades habrá de que aparezcan nuevas oportunidades. Cuando realice cambios, hágalo paso a paso de forma que pueda comprobar qué es lo que funciona y qué no. Así, tal vez descubra que se producen extrañas coincidencias: por ejemplo, una planta colocada con una clara intención de fomentar la armonía familiar puede provocar una llamada telefónica de un familiar de poco trato a la mañana siguiente. Espere estos acontecimientos, siga realizando cambios y observe los resultados, que tal vez no sean visibles de forma inmediata. Si transcurrido un mes no ocurre nada, intente otra solución. Si introduce los cambios en su casa de manera apresurada y global, en un solo fin de semana, es probable que un «torbellino» afecte a su vida. Para evitarlo, realice los cambios de manera gradual.

Su propia energía personal es importante

Existen muchos factores que influyen en sus propios niveles de energía personal, como la dieta, el estilo de vida y la práctica de ejercicio, la constitución, la personalidad, educación y características físicas determinadas en gran parte por el perfil astrológico al nacer, las personas que le rodean y los acontecimientos que escapan a su control, además del entorno propiamente dicho. Así como el entorno físico ejercerá un efecto determinado, puede superarlo si su energía personal es intensa. Es cierto que existen casas difíciles, dañinas incluso, como las que presentan una forma complicada, construidas sin tener en cuenta la armonía y cuya única prioridad es satisfacer las limitaciones económicas de los compradores, sin importar para nada la estética. Aunque nadie duda de que somos producto de nuestro entorno, es posible alzarse por encima de todas estas influencias. La clave consiste simplemente en poseer una fuerte energía personal. Para conseguirla es importante comer bien, prestar una especial atención al entorno en el que preparamos las comidas, así como dormir bien y mantener nuestra casa tan ordenada y natural como sea posible. Si conseguimos hacer esto, la influencia de una casa difícil, unos acontecimientos traumáticos o esas personas complicadas con las que tenemos que trabajar será mucho menor.

Muchos sistemas distintos, pero todos con un mismo objetivo

A medida que aumente su interés por este tema, leerá libros que le presentarán otros muchos sistemas distintos. Es probable que encuentre consejos contradictorios y acabe confundido. En

SUPERIOR El agua actúa como un potente símbolo de riqueza y oportunidades que entran en su vida. Esto resulta importante si vive en una zona muy urbanizada sin un jardín, o en una ciudad con accesos limitados a los ríos. Asegúrese de que coloca el agua en lugares frescos, ya sea moviéndola de sitio o renovándola a diario. Los peces añaden movimiento, por lo que activan todavía más el potencial positivo del elemento acuático en la zona de Fortuna (4). El pez de esta fotografía se encontraría mejor en una pecera más grande y aireada.

Utilice el agua para refrescar el ambiente de las estancias fregando, por ejemplo, las superficies del estudio cada mañana con el fin de contrarrestar los efectos negativos de los aparatos eléctricos. Asimismo, introduzca el agua colocando jarrones con flores, plantas que necesiten un riego frecuente y peceras.

ese caso, la solución más sencilla consiste en limitarse a un sistema y dominarlo antes de probar otros. El feng shui es un complejo y profundo compendio de conocimientos, pero al final del día descubrirá que las diferentes formas del feng shui son como radios de una rueda que al final se juntan en un mismo punto. A medida que aprenda más, comprobará cómo los principios universales descritos en este libro constituyen la esencia del feng shui y cómo las hebras aparentemente dispares se traman en una compleja y hermosa red.

La creación de un santuario es indispensable para revitalizarse

Cada vez son más las personas que se refugian en sus casas para escapar del estrés de la vida moderna, ya sea en forma de imágenes violentas como las que se ven en los periódicos o en trabajos más difíciles e inseguros. El contestador automático, que hasta hace poco se empleaba para tomar mensajes cuando nos encontrábamos fuera, se utiliza hoy en día para «filtrar» las llamadas mientras estamos en casa, incluso las de nuestros familiares más allegados y queridos. Si queremos ser capaces de enfrentarnos con eficacia a lo que sucede a nuestro alrededor, que escapa a nuestro control, es esencial que las casas en las que nos refugiemos nos nutran y reconforten por completo. El nexo entre la mente y el cuerpo es absoluto: el estrés perjudica nuestros sistemas inmunitarios y disminuye nuestra capacidad de respuesta. Si somos conscientes de cuáles son los elementos de nuestro entorno que potencian esta tensión y logramos introducir aquellos factores que nos permitan llegar a un reequilibrio y crear santuarios en nuestras casas, estaremos protegiendo nuestra salud.

Convierta su casa en un lugar atractivo e inspirador

El feng shui también ayuda a convertir nuestras casas en lugares personales de fuerza. Una vez asumida la noción de que el entorno es sencillamente un espejo de su vida, observe con atención a su alrededor y decida si le gusta lo que ve. Si no le gusta, cámbielo: es así de sencillo. Por ejemplo, si se siente atrapado en un trabajo que le impide desarrollar su potencial y se considera capaz de mucho más, pero no hay nada en el horizonte, tal vez sea porque vive en una casa muy pequeña y apretada. En lugar de asumir que esto es todo lo que puede permitirse y sentir que su situación no tiene salida —sin oportunidades, sin dinero y, por tanto, sin libertad de acción—, avive la energía de su casa. Cree la ilusión de espacio con lo que tiene. Elimine el mobiliario o los objetos que no resulten esenciales, alegre los esquemas cromáticos o añada grandes espejos que agranden las estancias; introduzca más energía viva con plantas y amplíe sus vistas con paisajes marinos, de montañas y horizontes. Todas estas soluciones implican muy poco esfuerzo, y sin embargo inciden directamente en ese claro objetivo de transformar el entorno para que éste renueve y potencie su espíritu.

La clave del diseño de interiores reside en su interior

El feng shui es algo muy personal. Se trata de la relación de cada uno con el espacio en el que vive, que es el verdadero reflejo de todos nosotros. Por eso, es del todo imposible realizar ajustes de feng shui en una casa vacía. ¿Quién la ocupará? ¿Qué es lo que los inquilinos desean? El verdadero objetivo del feng shui es el de ayudar a vivir según el principio de «así por fuera como por dentro». De esta forma, el diseño interior de una casa determinará el tipo y el movimiento del chi, del mismo modo que sus propios esquemas internos determinarán su comportamiento y actitud ante la vida. La razón por la que elige objetos que no le apoyan totalmente es porque en cierto nivel coinciden con uno de sus esquemas internos. Esto es fundamental, ya que los cambios profundos y duraderos sólo se producen cuando reconocemos este fenómeno y prestamos atención a nuestro bagua interior. Cualquier transformación de la conciencia se reflejará en el mundo externo. Sólo conseguirá la verdadera armonía en su casa cuando comience a diseñar su vida desde dentro.

Espacios de trabajo: primero ajuste la casa, después ocúpese del espacio de trabajo

Obviamente, el entorno en el que pasamos un tercio de nuestras vidas ejerce un impacto en la salud. Aunque tal vez no posea la autoridad o la influencia para realizar cambios significativos, haga lo que pueda. En primer lugar, asegúrese de que su casa le sirve de apoyo; proteja su propia energía con una buena dieta de modo que los entornos difíciles no le afecten tanto; por último, cree un entorno óptimo en su espacio de trabajo. Haga que su espacio resulte tan agradable, natural y vivificante como sea posible. Incluya plantas y cuadros, y recuerde que los cambios son más efectivos si se comienzan desde abajo, ya que el único modo de progresar es hacia arriba.

INFERIOR Cada casa necesita un lugar que actúe como santuario y refugio. Podría ser un rincón íntimo del dormitorio o una zona aislada del salón. En cualquier caso, debe ser acogedor, de modo que le atraiga al final de un día ajetreado. Rodéese de objetos cómodos y queridos, y así cada vez que se siente en este rincón se sentirá en paz y en perfecta disposición a relajarse.

ÍNDICE

AGRADECIMIENTOS

AGRADECIMIENTOS DE LA AUTORA

Muchas gracias a William Spear, uno de los principales catalizadores de mi cambio radical de actividad. Tras asistir a sus clases, un nuevo camino vital se abrió ante mí. Aprecio profundamente su cariñoso apoyo y su sabiduría. De hecho, sin él, este libro no hubiese sido posible, por lo que le agradezco sus aportaciones y su orientación. Gracias también a mi amigo y colega Jan Cisek por su gran apoyo, sus sabias contribuciones, su claridad y su gran sentido del humor, y por ser un auténtico regalo en mi vida.

Deseo dar las gracias a los muchos y excelentes maestros que han sido tan importantes en el desarrollo del FSNI, y en particular a Karen Kingston, por ser un espíritu pionero en este campo. Mi gratitud también para Roger Green, Jon Sandifer, Simon Brown (y Dragana), Takashi Yoshikawa, William Bloom, Suzanne Harper, Richard Creightmore y Peter Dawkins.

Gracias a los estudiantes que han asistido a los cursos del FSNI y que tanto han contribuido a crear un movimiento por una vida más sana y feliz; a mis colegas del FSNI, por su encomiable dedicación, en particular a Joanne Sharpe y Wendy Konyn, quienes me proporcionaron el espacio necesario para escribir este libro, y a mi ayudante Hayley Dennison, por su sentido del humor y por ayudarme a organizarme; a todo el personal voluntario del FSNI; a los clientes, de quienes tanto he aprendido; a mi querida amiga Annie Bradwell, cuyo apoyo y contribuciones me han sido de enorme valor; a Dennis Fairchild, por su amistad a distancia y apoyo; a William Dufty, cuyo brillante libro ejerció un enorme impacto en mi vida y en mi salud; al maravilloso equipo de Conran Octopus, por su gran apoyo y paciencia; a los muchos profesores que he conocido y a los escritores cuyos libros he leído, por su contribución a la comprensión del feng shui; y a Morel, por su adorable inspiración y nuestra hermosa casa, donde tanto nos apoyamos para practicar lo que enseñamos.

CRÉDITOS DE LOS ESTILISTAS

Quisiera dar las gracias a las siguientes empresas por su cooperación en las fotografías:
Clifton Nurseries, Paperchase, The Room, Mulberry, Hector Finch, Fired Earth, Osborne & Little, Jerry´s Home Store, The Holding Company, Oggetti, Malabar, Designer´s Guild, The General Trading Company, Donghia, Crucial Trading, Simon Horn, Highly Sprung, Muji, Snap Dragon, Colefax & Fowler, Laura Ashley, Harkin, Recline & Sprawl, Belinda Coote. Asimismo, gracias a Cinead McTernan por su entusiasmo.

CRÉDITOS DE LAS FOTOGRAFÍAS

Conran Octopus agradece a las siguientes personas y entidades su permiso para reproducir las fotografías:
1 Hotze Eisma (diseñador: Marcel Wolterink); **2-3** Alexander van Berge/ Elle Wonen; **4-5** Simon Brown/H&G/ Robert Harding Syndication; **6-7** Bild Der Frau/Camera Press; **8** Deidi von Schaewen; **8-9** Lizzie Himmel; **14** Jim Ballard/Getty Images; **15** *superior* Pat O´Hara/Getty Images; **15** *inferior* Marie-Pierre Morel/MCM; **20-21** Pat O´Hara/ Getty Images; **21** Marie-Pierre Morel/ MCM; **22** Robert Harding Picture Library; **22-23** John Hall; **25** *superior* Robert Harding Picture Library; **25** *inferior* Fritz von der Schulenburg/Interior Archive; **26** Robert Harding Picture Library; **26-27** Paul Ryan (Wolfgang Joop)/International Interiors; **29** *izquierda* The Stock Market; **29** *derecha* Gilles de Chabaneix/Catherine Ardouin/MCM; **30** *superior* David Jeffrey/The Image Bank; **30** *inferior* Ianthe Ruthven (Hodgson House, New Hampshire); **33** *superior* Charles Wackler/The Image Bank; **33** *inferior* Andre Martin/MCM; **34** Rob Crandall/Planet Earth Pictures; **34-35** Marie-Pierre Morel/Catherine Ardouin/ MCM; **36** Jody Dole/The Image Bank; **37** Jean-Francois Jaussaud; **38** C. Simon Sykes/Interior Archive; **39** Simon Upton/H&G/Robert Harding Picture Library; **42** Paul Ryan (Kim Haistater)/International Interiors; **43** *inferior* Paul Ryan (John Saladino)/International Interiors; **44** *superior* Christian Sarramon (Olivier Gagnères, París); **44** *inferior* Tim Beddow/Interior Archive; **45** *izquierda* Janos Grapow; **45** *superior derecha* Bild Der Frau/Camera Press; **45** *inferior derecha* Paul Ryan (Brookes Buston)/International Interiors; **46** Chris Meads; **47** *superior* Chris Drake/Country Homes & Interiors/Robert Harding Syndication; **47** *centro* Nadia Mackenzie; **47** *inferior* Gilles de Chabaneix/ Marie Kalt/MCM; **49** *izquierda* Tom Leighton/Country Homes & Interiors/Syndication; **49** *superior derecha* Tom Leighton/H & G Syndication; **49** *inferior derecha* Deidi von Schaewen (Trapp)/World of Interiors; **50-51** Paul Ryan (Piet Boon)/International Interiors; **51** *superior derecha* Christian Sarramon; **51** *inferior derecha* Ray Main; **52** *inferior izquierda* Marie-Pierre Morel/Christine Puech/ MCM; **52-53** Simon Brown (cortesía de Neal Street East); **54** *superior* Paul Ryan (Jack Lenor Larsen)/International Interiors; **54** *inferior* Jacques Dirand/ Interior Archive; **55** *superior* Marie-Pierre Morel/Catherine Ardouin/MCM; **55** *inferior* Simon Brown/Interior Archive; **56** *izquierda* Fritz von der Schulenburg/Interior Archive; **56** *derecha* Jacques Dirand/Interior Archive; **57** Tim Beddow/ Interior Archive; **58** C. Simon Sykes/ Interior Archive; **59** *superior izquierda* Simon Upton/Interior Archive; **59** *superior derecha* Tim Beddow/Interior Archive; **59** *inferior* Simon Upton/ Interior Archive; **60** *izquierda* Henry Wilson/Interior Archive; **60-61** Fritz von der Schulenburg/Interior Archive; **62** *superior* Wulf Brackrock; **62** *inferior* Paul Ryan (Kristiina Ratia)/International Interiors; **64** *superior izquierda* Marie-Pierre Morel/ Christine Puech/ MCM; **64-65** Paul Ryan (J. Balasz)/International Interiors; **65** *derecha* Simon Upton/ Interior Archive; **66** *superior* Michael Crockett/Elizabeth Whiting & Associates; **66** *inferior izquierda* Fritz von der Schulenburg/Interior Archive; **66-67** Pieter Estersohn/Lacha Pelle (Representación); **68-69** Karl Dietrich-Buhler/ Elizabeth Whiting & Associates; **69** Mark Darley/Esto; **70** *superior izquierda* Andreas von Einsiedel/Country Homes & Interiors/Robert Harding Syndication; **70** *inferior izquierda* Andreas von Einsiedel/Country Homes & Interiors/ Robert Harding Syndication; **70** *derecha* Ariadne/VNU/Holanda; **71** Polly Wreford/Country Homes & Interiors/ Robert Harding Syndication; **72-73** Ted Yarwood; **73** *superior* Paul Ryan (Sam Blount)/International Interiors; **73** *inferior* Simon Brown/Interior Archive; **74** *izquierda* Peter Aaron/Esto; **74** *superior derecha* Richard Felber; **74** *inferior derecha* Ted Yarwood; **75** Thibault Jeanson (Didier Gómez, París)/Inside; **76** *superior izquierda* Alexander van Berge; **76** *superior derecha* Paul Ryan (James Gager)/International Interiors; **76** *inferior* Paul Ryan (Charles Rutherford)/International Interiors; **77** Marie-Pierre Morel/MCM; **80-81** Scott Frances/Esto; **88** Jonathon Pilkington/Interior Archive; **89** *izquierda* Jonathon Pilkington/ Country Homes & Interiors/Robert Harding Syndication; **89** *derecha* The Stock Market; **90-91** Richard Felber; **100** *izquierda* Thibault Jeanson (Maison Lawrence, Estados Unidos)/Inside; **100-101** Richard Felber; **101** Wulf Brackrock; **102-103** Jan Baldwin/ H&G/ Robert Harding Syndication; **108** *superior* Marianne Majerus/Country Homes & Interiors/Robert Harding Syndication; **108** *inferior izquierda* Geoffrey Frosh/H&G/Robert Harding Syndication; **108** *inferior derecha* Brigitte/ Camera Press; **109** Tim Beddow/Interior Archive; **110-111** Paul Warchol; **120-121** Eric Morin; **121** *superior derecha* Tim Beddow/Interior Archive; **121** *inferior* Richard Felber; **122-123** Simon Upton (cortesía de Keith Skeel)/ World of Interiors; **128** *inferior* Joshua Greene; **128-129** Schöner Wohnen/Camera Press; **129** *derecha* Schöner Wohnen/ Camera Press; **130-131** Wayne Vincent (Lesley Saddington)/Interior Archive; **140** *superior* Schöner Wohnen/ Camera Press; **140-141** Fair Lady/Camera Press; **141** *superior derecha* Living/ Camera Press; **141** *inferior derecha* Schöner Wohnen/Camera Press; **142** Andreas von Einsiedel/Elizabeth Whiting & Associates; **152** VT Wonen/VNU/ Holanda; **153** *superior* Bild Der Frau/ Camera Press; **153** *inferior* C. Simon Sykes/ Interior Archive; **154** Polly Wreford/ H&G/ Robert Harding Syndication; **155** Simon Upton (Anne Boyd)/ Interior Archive; **156** Alexander Bailhache/Christine Puech/MCM; **157** Joshua Greene.

El resto de fotografías son de Bill Batten, encargadas expresamente por Conran Octopus.

Aunque se ha hecho todo lo posible por citar a cada uno de los propietarios del copyright, pedimos disculpas por las posibles omisiones involuntarias.